AF346674

L'ÉVÉNEMENT

DE

LA SALETTE

ET

UN PÉLERINAGE

A CETTE SAINTE MONTAGNE.

Le 19 septembre 1855.

LUÇON,

BIDEAUX, IMPRIMEUR DE MONSEIGNEUR L'ÉVÊQUE.

—

1855.

APPROBATION.

JACQUES-MARIE-JOSEPH, par la grâce de Dieu et du Saint-Siége Apostolique, Evêque de la sainte Eglise de Luçon,

AU CLERGÉ ET AUX FIDÈLES DE NOTRE DIOCÈSE,

Salut et bénédiction en Notre-Seigneur Jésus-Christ.

Après avoir applaudi, NOS TRÈS-CHERS FRÈRES, au pieux pèlerinage qu'entreprirent, au mois de septembre dernier, l'un de nos bien-aimés collaborateurs et l'un de nos bien chers secrétaires, pour arriver jusqu'au sommet de la sainte montagne de la Salette ; nous n'applaudissons pas moins aujourd'hui au touchant récit dans lequel ils ont voulu consigner les résultats de leur voyage, vous en faire recueillir les fruits et vous rendre participants de leurs douces joies, de leurs pieux transports, de leur tendre dévotion et de leur confiance sans bornes en la protection de l'auguste Mère de Dieu.

La lecture de cette courte, mais très-intéressante relation ne manquera pas de produire de profondes impressions sur des esprits et des cœurs aussi dévoués que les vôtres : elle ramènera, nous en avons la douce confiance, elle ramènera à Marie plus d'un enfant qui s'est trop éloignée de cette tendre Mère ; elle fera tressaillir d'allégresse ces âmes pieuses qui, dans notre bonne Vendée, ont établi toutes leurs espérances en cette Vierge réconciliatrice.

Puissions-nous dire ensuite à bon droit, comme le saint Evêque démissionnaire de Grenoble : « La dévotion à la Vierge immaculée a jeté dans ce diocèse des racines encore plus profondes, depuis que, messagère *céleste*, elle *s'est manifestée* sur *une* montagne *pour* nous intimer, par l'organe de deux enfants, les plaintes et les menaces de son divin Fils, et que sur le lieu même de son apparition elle a si souvent, et si évidemment pour toute âme droite et non prévenue, manifesté son pouvoir et sa bonté (1). »

(1) Lett. past... pour annoncer sa démission. 26 décembre 1852. p. 31. édit. in-18.

C'est plus de six ans après cette miséricordieuse apparition que Monseigneur l'ancien Evêque de Grenoble confirmait ainsi, pour la première fois, par un acte authentique et très-solennel, la vérité de l'un des grands événements de ce siècle. Nous nous étions estimés heureux de joindre, dès le 30 juin 1852, notre faible voix à la sienne pour proclamer ce prodige, et nous aurions pu vous dire aussi qu'à plusieurs reprises Marie avait *manifesté* parmi nous *son pouvoir et sa bonté.*

Quelle consolation n'avons-nous pas éprouvée, N. T. C. F., en apprenant par ces deux pieux pèlerins et par plusieurs autres qui les avaient précédés, que le diocèse de Luçon, avec ceux de la pieuse Bretagne, se fait remarquer entre tous les autres diocèses de notre catholique France, par le nombre de pèlerins qu'il envoie invoquer Marie sur la montagne bénie des Alpes ! Nous espérons que loin de se ralentir, ce pieux élan de votre foi et de votre amour ne fera que s'accroître.

Et comme ces prodiges à la fois consolants et terribles ont trouvé plus d'un détracteur, et que quelques voix isolées, mais discordantes, cherchent encore à troubler le pieux concert qui s'élève de toutes parts à la gloire de la Vierge de la Salette, nous approuvons avec bonheur un écrit que sa clarté, sa simplicité, son peu d'étendue mettent à la portée de tous. Nous approuvons aussi le cantique touchant qui renferme les avertissements de notre tendre Mère. Nous recommandons à nos très-chers Coopérateurs de faire connaître et de répandre cet écrit le plus qu'il leur sera possible au milieu de toutes les familles confiées à leur sollicitude ; nous leur permettons même, s'ils le jugent bon, de lire notre présente Lettre pastorale au prône de la messe de paroisse.

Donné à Luçon, en notre palais épiscopal, sous notre seing et le sceau de nos armes, et sous le contre-seing de notre secrétaire, le jour de l'Octave de l'Immaculée Conception de la bienheureuse Vierge Marie, jeudi 15 décembre de l'an de grâce 1853.

† JAC.-MAR.-JOS., Evêque de Luçon.

Par mandement de Monseigneur,

P. GUIBERT, ch. hon., secr.

L'ÉVÉNEMENT DE LA SALETTE

Un Pélerinage à cette sainte Montagne,

Le 19 septembre 1855.

Comme Jésus-Christ s'approchait de Jérusalem, jetant les yeux sur la ville, il pleura sur elle en disant : Ah ! si tu connaissais du moins, en ce jour qui t'est donné, ce qui peut te procurer la paix ! mais tout cela est maintenant caché à tes yeux. Aussi viendra-t-il des jours malheureux pour toi, où tes ennemis t'environneront de tranchées, t'enfermeront et te serreront de toutes parts, te détruiront, toi et tes enfants qui sont dans ton enceinte, et ne te laisseront pas pierre sur pierre, parce que tu n'as pas connu le temps où tu as été visitée.

Un demi-siècle ne s'est pas encore écoulé, et voilà qu'un homme du peuple et de la campagne a reçu la mission d'annoncer à cette ville coupable que l'heure des malheurs qui lui furent prédits va bientôt arriver. Cet homme, nommé Jésus, vient à Jérusalem pour la fête des Tabernacles, qu'on y célébrait encore dans la plus profonde tranquillité et sans nulle apparence de révolution, et tout-à-coup on l'entend qui s'écrie : *Malheur au Temple ! malheur au Temple ! Voix de l'orient, voix de l'occident, voix des quatre vents ! Malheur au Temple ! malheur à la ville ! malheur au peuple !* Il ne cesse, ni le jour, ni la nuit, de parcourir la ville en répétant toujours les mêmes cris. On le châtie rigoureusement : il ne laisse échapper aucune plainte, il ne dit pas un mot pour sa défense ; mais il continue de crier d'une voix plus lamentable encore : *Malheur, malheur à Jérusalem !* Trois ans s'écoulent, Jérusalem est assiégée, ses murs s'écroulent, l'incendie dévore tout. A la place du Temple est un monceau de cendres ; Jérusalem n'offre plus que des ruines, et le petit nombre de ses habitants, que le fer et la flamme ont épargnés, sont emmenés en captivité. Terrible, mais bien juste châtiment de son crime !

Sommes-nous moins coupables ? Que l'on promène ses regards sur le monde entier, que l'on parcoure ses annales, et qu'ensuite l'on nous dise si jamais, depuis le drame sanglant du Calvaire, on a connu rien de semblable à la haine dont on poursuit le christianisme et son divin Auteur. Le siècle dernier jeta dans quelques intelligences les semences de l'impiété ; celui-ci les voit se développer avec une triste fécondité, se répandre dans toutes les classes de la société, et porter partout le ravage et la mort. Deux camps, deux étendards sont au foyer domestique : les pères et les fils marchent sous la bannière de l'irréligion et du sensualisme ; les mères et les filles, demeurées fidèles à leur Dieu, dévorent en silence leurs larmes et leurs douleurs. Jésus – Christ, pour un grand nombre, n'est plus aujourd'hui qu'un sage, qu'un philosophe. Et ne dit-on pas que le christianisme a fait son temps, qu'il ne convient plus à l'humanité ? Ne va-t-on pas même jusqu'à en prédire la ruine, et convier l'univers à ses funérailles ? *Il a fait son temps ! Jeunes hommes, venez à ses funérailles ; qu'on prépare sa tombe ; il est usé, il est mort !* On a lu ces horribles blasphèmes ; ils ont été tirés à des milliers d'exemplaires. Et encore, n'a-t-on pas entendu une multitude égarée, s'écrier dans son affreux délire : *A bas Dieu ! A bas le paradis ! Vive l'enfer !* Avant ce siècle, avait-on osé écrire : *Dieu, c'est l'enfer !* On semble n'avoir conservé de Dieu quelque idée que pour le blasphémer ; et nous n'aurions rien à redouter de sa justice !

Que le monde ne s'attende plus à des châtiments ordinaires. Il faut qu'il apprenne que Dieu a plus que des armées à lancer sur les peuples qui insultent à sa puissance et violent toutes ses lois, plus que des discordes civiles à leur envoyer. Qu'il sache bien que son souffle, qui féconde les champs, peut aussi les dessécher; que la famine et la peste lui obéissent; que la terre tremble à sa voix; que la flamme qu'il allume, l'eau des fleuves ne l'éteint pas, et que les villes infâmes que son feu consume, la main de l'homme ne les relève jamais.

Toutefois, Dieu ne juge pas les hommes avec une dureté inexorable; il a égard à la faiblesse de leur nature. Il n'en mesure pas la fragilité et l'inconstance sur l'immutabilité de sa substance divine; mais essentiellement juste et miséricordieux, il ne demande de l'homme que ce qu'il sait être en proportion avec ses forces; il attend, il diffère sa vengeance, pour donner au coupable le temps de faire pénitence. Admirable tempérament de justice et de miséricorde! Telle est la conduite habituelle de Dieu; tant il est empressé pour notre salut. Avant de frapper, il annonce, et longtemps à l'avance, le châtiment. Nous ne savons pas d'ailleurs qu'il ait jamais frappé tout un peuple, sans lui envoyer des hommes qu'il remplissait de son esprit, pour lui annoncer les maux qui allaient fondre sur lui, s'il ne faisait pas pénitence. Et en effet, c'est quand Dieu veut nous sauver qu'il nous menace; quand il a résolu de frapper, il se tait. Il a menacé les Ninivites par son prophète, et il leur a pardonné; il n'a rien dit aux habitants de Sodome, et il les a châtiés.

Il resterait donc encore quelque lueur d'espérance pour notre malheureuse patrie, malgré les blasphèmes vomis par tant de bouches et tracés par tant de plumes, malgré l'indifférence qui glace toutes les âmes, et l'oubli si général des lois du Seigneur, puisqu'il nous menace. Et cette fois, ce n'est plus un prophète qui vient nous avertir de la part de Dieu des grands maux qu'il nous prépare dans sa justice, si nous ne revenons pas à lui; ce n'est plus un homme qui nous vient dire d'une lamentable voix : Malheur au temple, malheur à la ville, malheur au peuple! c'est sa propre Mère qu'il daigne nous envoyer; mais si nous n'écoutons pas la voix de cette Mère de miséricorde, si nous ne faisons pas une pénitence sincère, efficace et soutenue, nous périrons infailliblement.

La France, l'Europe, et on peut le dire, l'univers entier, connaissent maintenant l'événement de la Salette; et bien qu'il soit impossible de rien dire sur ce fait qui soit propre à lui donner un nouveau jour, depuis surtout qu'il a été étudié avec tant de soin par la commission chargée par Mgr l'Evêque de Grenoble de lui adresser un rapport à ce sujet, nous avons cependant pensé que quelques pages qui rappelleraient ce grand événement seraient lues avec intérêt dans notre bonne Vendée, où la foi se montre encore si vive dans presque tous les cœurs. Nous arrivons du pélerinage de la Salette, et c'est sous l'impression qui nous en est restée, que nous allons parler de ce fait, qui n'est pas assez médité.

Le samedi, 19 septembre 1846, veille de la fête de Notre-Dame des Sept Douleurs, un petit berger, âgé de onze ans, nommé Maximin Giraud, et une jeune bergère, âgée de quinze ans, nommée Mélanie Mathieu, conduisant leurs troupeaux, arrivèrent ensemble sur le plateau dit *des Baisses*, ou *sous les Baisses*, formé par trois montagnes de la Salette. Ce jour-là, le ciel était pur et sans nuages, point d'obstacle à l'ardeur du soleil; rarement la chaleur avait été plus brûlante. Vers l'heure de midi, les deux enfants prirent leur repas, traversèrent un petit ruisseau appelé le *Sézia*, déposèrent auprès d'une fontaine alors desséchée, mais qui depuis a toujours coulé, les petits sacs où ils mettaient leurs provisions de la journée, et, non loin de là, ils s'endormirent à quelque distance l'un de l'autre. Mélanie fut la première éveillée, et n'apercevant point ses vaches, elle réveilla Maximin pour s'occuper avec lui de savoir où elles se trouvaient. Ils franchissent le ruisseau, s'avancent à une trentaine de pas sur la hauteur qui est à l'orient, et les ayant aperçues sur une pente adoucie du mont Gargas, ils se disposent à redescendre pour aller chercher leurs sacs; mais à peine ont-ils tourné leurs regards de ce côté, qu'ils sont frappés d'une vive clarté. Presque à l'instant même, ils voient au milieu de cette clarté une dame éclatante de lumière, assise sur une pierre, les pieds posés dans le lit desséché de la fontaine, la tête appuyée sur ses deux mains, et paraissant en proie à la plus grande douleur. A cette vue, les enfants sont effrayés, Mélanie laisse tomber son bâton; Maximin lui dit de le reprendre pour se défendre en cas de besoin.

Alors cette dame se lève majestueusement, fait deux pas, croise les bras et leur dit :

« Avancez, mes enfants, n'ayez pas peur; je suis ici pour vous annoncer une grande nouvelle. »

Mais laissons les enfants faire eux-mêmes leur récit, tel qu'ils le donnèrent, le 19 au soir, à leurs maîtres, tel qu'ils l'ont toujours donné depuis :

RÉCIT DE MÉLANIE.

« Nous nous étions endormis, puis je me suis réveillée la première, et je n'ai plus vu mes vaches. J'ai réveillé Maximin. Maximin, *j'ai dit :* viens vîte que nous allions voir nos vaches. Nous avons passé le ruisseau; nous avons monté vis-à-vis nous, et nous avons vu de l'autre côté nos vaches couchées ; elles n'étaient pas loin. Je suis redescendue la première, et lorsque j'étais à cinq ou six pas avant d'arriver au ruisseau, j'ai vu une clarté comme le soleil, encore plus brillante, mais pas de la même couleur, et j'ai dit à Maximin : Viens vîte voir une clarté là-bas. Et Maximin est descendu en me disant : *où elle est?* Je lui ai montré avec le doigt vers la petite fontaine, et il s'est arrêté quand il l'a vue. Alors nous avons vu une dame dans la clarté ; elle était assise, la tête dans ses mains. Nous avons eu peur ; j'ai laissé tomber mon bâton. Alors Maximin m'a dit : Garde ton bâton ; si on nous fait quelque chose, je donnerai un bon coup. Puis cette dame s'est levée droite, elle a croisé les bras et nous a dit :

« Avancez, mes enfants, n'ayez pas peur ; je suis ici pour vous conter une grande nouvelle. »

» Puis nous avons passé le ruisseau ; et elle s'est avancée jusqu'à l'endroit où nous nous étions endormis. Elle était entre nous deux ; elle nous a dit, en pleurant tout le temps qu'elle nous a parlé (j'ai bien vu couler ses larmes) :

« Si mon peuple ne veut pas se soumettre, je suis forcée de laisser aller la main de mon Fils.

» Elle est si forte, si pesante, que je ne puis plus la maintenir.

» Depuis le temps que je souffre pour vous autres, si je veux que mon Fils ne vous abandonne pas, je suis chargée de le prier sans cesse.

» Et pour vous autres, vous n'en faites pas cas.

» Vous aurez beau prier, beau faire, jamais vous ne pourrez récompenser la peine que j'ai prise pour vous autres.

» Je vous ai donné six jours pour travailler, je me suis réservé le septième, et on ne veut pas me l'accorder. C'est ça qui appesantit tant la main de mon Fils. Ceux qui conduisent les charrettes ne savent pas jurer sans y mettre le nom de mon Fils au milieu.

» Ce sont les deux choses qui appesantissent tant la main de mon Fils.

» Si la récolte se gâte, ce n'est rien qu'à cause de vous autres. Je vous l'ai fait voir, l'année passée, par les pommes de terre ; vous n'en avez pas fait cas. C'est au contraire, quand vous trouviez des pommes de terre gâtées, vous juriez et vous mettiez le nom de mon Fils au milieu. Elles vont continuer cette année, et à la Noël il n'y en aura plus.

» Et puis moi, je ne comprenais pas bien ce que cela voulait dire, des *pommes de terre*. J'allais dire à Maximin ce que ça

*

voulait dire des *pommes de terre ?* et la Dame
nous a dit :

« Ah ! mes enfants, vous ne comprenez pas, je m'en
vais le dire autrement. »

« Puis elle a continué : »
Mélanie continue en effet son récit en patois. Nous mettons ce patois en regard du
français.

« Si les truffes se gâtent, ce n'est rien que pour vous autres. Je vous l'ai fait voir l'an passé ; vous n'en avez pas voulu faire cas. Que c'était au contraire : quand vous trouviez des truffes gâtées, vous juriez en y mettant le nom de mon Fils au milieu.	« Si las truffas sé gas- toun aï rien qué per vous aoutrés ; vous ou aïou fa veyré, l'an passa, n'aïa pas vougu fas conti ; qu'éraoou countréré, quan troubava dé truffas gastas, jurava, l'y bitava lou noum dé moun Fils oou mey.
» Elles vont continuer ; *que* cette année pour la Noël, il n'y en aura plus.	» E van continua, qu'a- qèy an per Tsalendas n'y oouré plus.
» Si vous avez du blé, il ne faut pas le semer ; tout ce que vous sèmerez, les bêtes le mangeront ; ce qui viendra tombera en poussière, quand vous le battrez.	» Si ava dé bla, foou pas lou séménas, qué tout ce qué séménaré las bestias vous lou mendjarein, é ço qué véndré tombaré tout en poussièra quan l'eyquoïré.
» Il viendra une grande famine.	» Vendret una granda famina.
» Avant que la famine vienne, les enfants au- dessous de sept ans pren- dront un tremblement et	» D'avan qué la famina véne lous maris oou dessous dé sept ans préndrén un tremblé, murirén éntré las

mas dé las persounas qué lous téndrén, é lous aoutrés faren lour péniténça dé famina.

» Las nouzas véndrén boffas, lous rasins purirén.

» Si sé counvertissoun, las peyras, lous routsas sérén de mountcous dé bla, las truffas énséménsas per las terras.

» Fasa bian vouatra priéra, mous maris? »

mourront entre les mains des personnes qui les tiendront; les autres feront pénitence par la famine.

» Les noix deviendront mauvaises, les raisins pourriront.

» S'ils se convertissent, les pierres et les rochers se changeront en monceaux de blé, et les truffes seront ensemencées par les terres.

» Faites-vous bien votre prière, mes enfants? »

« Tous deux nous avons répondu :

« Pas gaïré, Madama. »

« Tsoou bian la fas, mous maris, vépré é mati, quan diria ooumen qu'un *Pater* é un *Ave Maria*, quan pouiré pas mey fas; é quan pouiré mey fas n'en maï diré.

» Vaï qué quaouqua féna un paou d'iadje à la messa, lous aoutrés trabailloun tout l'estiou la dimentsa; é l'hiver quan saboun pas qué fas, lous garçous van à la messa per sé mouquas dé la rélidjiou; é la careyma van à la boutsaria couma lous tsis.

» N'ava djis végu dé bla gasta, mous maris? »

« Pas guère, Madame. »

» Il faut bien la faire, mes enfants, soir et matin. Quand vous ne pourrez pas mieux faire, dire seulement un *Pater* et un *Ave Maria*. Et quand vous aurez le temps, en dire davantage.

» Il ne va que quelques femmes âgées à la messe; les autres travaillent le dimanche tout l'été; et l'hiver, quand ils ne savent que faire, les garçons ne vont à la messe que pour se moquer de la religion. Le carême, on va à la boucherie comme des chiens.

» N'avez-vous pas vu de blé gâté, mes enfants? »

« Maximin répondit :

» Oh! non, Ma-
dame.

» Oh! nou, Ma-
dama.

» Moi, je ne savais pas à qui elle demandait cela, et je répondis bien douce-
ment :

» Non, Madame,
je n'en ai pas vu. »

» Nou, Madama,
n'aï dgis végu. »

« Vous devez bien en
avoir vu, vous, mon enfant
(en s'adressant à Maximin),
une fois, vers la terre du
Coin, avec votre père?

» E vous, moun mari,
n'en déva bian avé végu,
un viadjé vés lou Couïn
émbé vouètre païre.

» Le maître de la pièce
dit à votre père d'aller voir
son blé gâté; vous y êtes
allés tous les deux. Vous
prîtes deux ou trois épis de
blé dans vos mains, vous
les froissâtes, et tout tomba
en poussière; puis vous vous
en retournâtes. Quand vous
étiez encore à demi-heure
de Corps, votre père vous a
donné un morceau de pain,
et vous a dit : Tiens, mon
enfant, mange encore du
pain cette année, je ne sais
pas qui en mangera l'année
prochaine, si le blé continue encore comme ça? »

» Qué lou mestre de la
péça, qué disia à vouètre
païre d'anas veyre soun bla
gasta, é pey lé anéra tous
dous, prénguéra dous tréis
éipias dé bla din vouatras
mas, las froutéra, é tsei-
guet tout én poussiéra, é
pey vous n'éntouerra; quan
éra plus qué dimé houra
luen dé Couarp, vouétré
païre vous beyllé una pèça
dé pa én vous disan : Té,
moun mari, mendja encas
dé pa aqueytan, qué sabou
pas qué n'én vaï mendjas
l'an qué vén, si lou bla
countinua couma quo? »

» Maximin a répondu :

» Oh! oui, Mada-

» Oh! si, Madama,

men rappellou avus, adis mé n'en rappéla vou pas.	me, je m'en souviens à présent, tout-à-l'heure, je ne m'en souvenais pas.

» Après cela, la Dame nous a dit en français :

« Eh bien ! mes enfants, vous le ferez passer à tout mou peuple. »

» Elle a passé le ruisseau et nous *a retourné dire :*

« Eh bien ! mes enfants, vous le ferez passer à tout mon peuple. »

» Puis elle est montée jusqu'à l'endroit où nous étions allés pour regarder nos vaches.

» Elle ne touchait pas l'herbe ; elle marchait à la cime de l'herbe. *Nous la suivions* avec Maximin ; je passai devant la Dame, et Maximin un peu à côté, à deux ou trois pas. Et puis cette belle Dame s'est élevée un peu en haut (Mélanie fait un geste en élevant la main d'un mètre, ou un peu plus, au-dessus de la terre), puis, elle a regardé le ciel, puis la terre ; puis, nous n'avons plus vu la tête, plus vu les bras, plus vu les pieds ; on n'a plus vu qu'une clarté en l'air ; après, la clarté a disparu. Et j'ai dit à Maximin : C'est peut-être une grande sainte. Et

Maximin m'a dit : Si nous avions su que c'était une grande sainte, nous lui aurions dit de nous mener avec elle. Et je lui ai dit : Oh ! si elle y était encore ! Alors Maximin lança la main pour attraper un peu de clarté; mais il n'y eut plus rien. Et nous regardâmes bien pour voir si nous ne la voyions plus. Et je dis : Elle ne veut pas se faire voir, pour que nous ne voyions pas où elle va. Ensuite nous fûmes garder nos vaches. »

Après ce récit, mille questions étaient adressées à Mélanie. Nous ne citerons ici que celles qui sont propres à le compléter.

D. La Dame ne vous a-t-elle pas dit autre chose ?

Mélanie. Non, elle n'a pas dit autre chose.

D. Ne vous a-t-elle pas donné un secret ?

Mélanie. Oui ; mais elle nous a défendu de le dire.

D. Sur quoi a-t-elle parlé ?

Mélanie. Si je vous disais sur quoi, vous comprendriez bientôt ce que c'est.

D. Quand vous a-t-elle donné votre secret?

Mélanie. Après avoir parlé des noix et des raisins. Mais avant qu'elle me le donnât, il me semblait qu'elle parlait à Maximin, et je n'entendais rien.

D. Comment cette Dame était-elle vêtue ?

Mélanie. Elle avait des souliers blancs avec

des roses autour de ses souliers ; il y en avait de toutes les couleurs ; des bas jaunes, un tablier jaune, une robe blanche avec des perles partout ; un fichu blanc, des roses autour ; un bonnet haut, un peu courbé en avant ; une couronne autour de son bonnet avec des roses. Elle avait une chaîne très-petite, qui tenait une croix avec son Christ ; à droite, étaient des tenailles, à gauche, un marteau ; aux extrémités de la croix, une autre grande chaîne tombait, comme les roses, autour de son fichu. Elle avait la figure blanche, allongée ; je ne pouvais pas la voir bien longtemps, *pourquoi* qu'elle nous éblouissait.

RÉCIT DE MAXIMIN.

« Après avoir fait boire nos vaches et avoir goûté, nous nous sommes endormis à côté du ruisseau, tout près d'une fontaine tarie. Puis Mélanie s'est réveillée la première et m'a éveillé pour aller chercher nos vaches. Nous sommes allés voir nos vaches, et, en nous retournant, nous les avons vues couchées de l'autre côté. Puis en descendant, Mélanie a vu une grande clarté vers la fontaine, et elle m'a dit : Maximin, viens donc voir cette clarté ! Je suis allé avec Mélanie ; puis nous avons vu la clarté s'ouvrir, et dedans nous avons vu une Dame assise comme ça (l'enfant s'assied, les coudes sur ses genoux, la figure dans ses mains), et nous avons eu peur. Et Mélanie a dit : Ah ! mon Dieu ! et elle a laissé tomber son bâton, et je lui ai dit : Garde ton bâton, va ; moi je garde le mien; si on nous fait quelque chose, je donnerai un bon coup de bâton. Et la Dame s'est levée, a croisé les bras et nous a dit :

« Avancez, mes enfants, n'ayez pas peur ; je suis ici pour vous conter une grande nouvelle. »

» Et nous n'avons plus eu peur ; puis nous *sommes* avancés, avons passé le ruisseau, et la Dame s'est avancée vers nous autres, à quelques pas de l'endroit où elle s'était assise, et elle nous a dit :

« Si mon peuple ne veut pas se soumettre, je suis forcée de laisser aller le bras de mon Fils : il est si lourd et si pesant, que je ne puis plus le retenir. Depuis le temps que je souffre pour vous autres, si je veux que mon Fils ne vous abandonne pas, je suis chargée de le prier sans cesse pour vous autres, qui n'en faites pas cas.

» J'ai donné six jours pour travailler, je me suis réservé le septième, et on ne veut pas me l'accorder. C'est ça qui appesantit tant le bras de mon Fils.

» Aussi ceux qui mènent les charrettes ne savent plus jurer sans y mettre le nom de mon Fils. Ce sont les deux choses qui appesantissent tant le bras de mon Fils.

» Si la récolte se gâte, ce n'est rien que pour vous autres. Je vous l'ai fait voir l'année dernière par la récolte des pommes de terre ; vous n'en avez pas fait cas ; c'est au contraire, quand vous en trouviez de gâtées, vous juriez, vous mettiez le nom de mon Fils. Elles vont continuer à pourrir, *que* pour Noël, il n'y en aura plus. »

» Mélanie ne comprenait pas bien, et commençait à me demander ce que c'était ; de suite la Dame répondit :

» Ah ! vous ne comprenez pas le français, mes enfants, attendez *que* je vais vous le dire autrement. »

» Et elle nous parla en patois :

« Si la récolta sé gasta, eï ré qué pér vous aouetrés. Vous l'ayou faï vairé l'an passa pér las truffas, n'aya pas fa cas. Era oou countréré, quan n'en troubava dé gastas, jurava, l'y bitava lou noum dé moun Fils. Van continua qué pér Chalëndas n'y oueré plus.

» Aquëou qu'a dé bla, pas lou séména, qué las bestias lou mengearein ; si n'en vén quaousquas plantas, én l'ëicouean toumbaré tout én poussiéra.

» Vaï véni una granda famina. D'avan qué la famina vêné, lous marinous maris ooue dessou dé sept ans préndrén un tremblé, murirén entré lous bras dé las persounas qué lous tén-

« Si la récolte se gâte, ce n'est rien que pour vous autres ; je vous l'ai fait voir l'année passée par les truffes ; vous n'en avez pas fait cas ; c'était au contraire, quand vous en trouviez de gâtées, vous juriez, vous mettiez le nom de mon Fils. Elles vont continuer, *que* pour la Noël, il n'y en aura plus.

» Que celui qui a du blé, ne le sème pas ; *que* les bêtes le mangeront ; s'il en vient quelques plantes, en le battant, il tombera tout en poussière.

» Il va venir une grande famine. Avant que la famine vienne, les petits enfants au-dessous de sept ans prendront un tremblement, mourront entre les bras des personnes qui les tiendront, et les grands feront leur pénitence par la faim. Les raisins pourriront; les les noix deviendront mauvaises.

drén, et lous grands farén lour péniténça dé fan. Lous rasins purirén; las nouzés véndrén boffas.

» Ici, la Dame m'a dit quelque chose en français, en me disant :

« Tu ne diras pas ça, ni ça, ni ça. »

» Elle a gardé aussi un moment le silence ; il me semblait qu'elle parlait à Mélanie ; puis elle a continué :

» S'ils se convertissent, les pierres, les rochers se changeront en blé ; les truffes se trouveront ensemencées par la terre.

« Si sé counvertissoun, las péïras, lous routchas véndrén én dé bla, la truffa sé troubaré énséménça per la terra.

» Puis elle nous dit :

» Faites-vous bien votre prière, mes enfants?

» Fasa bien vouatra priéra, mous maris?

» Tous deux nous répondîmes :

» Oh ! non, Madame, pas guère.

» Oh ! nou, Madama, pas gaïré.

» Et elle nous dit :

» Ah! mes enfants, il faut bien la faire, soir et matin; quand vous n'aurez pas le temps, dire seulement un *Pater* et un *Ave Maria*, et quand vous aurez le temps, en dire davantage.

« Ah! mous maris, la chou bien fa vépré et mati. Quan n'oueré pas lou téms dé soulamen diré un *Pater*, un *Ave Maria*, é quan oueré lou téms, n'en maï diré.

» Il ne va que quelques

» Vaï qué quaoùqua téna

én paou d'iàgé à la messa et lous aouetrés trabailloun tout l'estiëou; et péi, van én hiver à la messa rién qué pér sé mouqua dé la réligiou. Van à la boucharia couma de chis.

femmes un peu âgées à la messe, et les autres travaillent tout l'été; et puis ils vont l'hiver à la messe rien que pour se mecquer de la religion. Ils vont à la boucherie comme des chiens.

« Ensuite elle a dit :

» Nava gi vegu dé bla gasta, mous maris?

» N'avez-vous jamais vu de blé gâté, mes enfants?

« Je répondis :

« Oh! nou, Madama, n'avén gi végu. »

« Oh! non, Madame, nous n'en avons jamais vu. »

« Alors elle m'a dit :

« Mé tu, moun mari, n'en dévés bien avé végu un viàgé vés lou Couin imbé toun papa; qué l'homé dé la péça dicét à toun papa: Vêné véiré moun bla gasta. L'éï anéra, prenguèt dous tréïs éïpias dé bla din sa ma; et péi qué las frétét, et qué toumbét tout en poussièra. Et péi, qu'én vous rétournan n'èra plus qué diméï houra lucin de Couarp et qué toun papa té douné una pèça dé pa én té disan : Té, moun mari, méngea aquëou pa, qué saou pas qui n'en vaï méngea l'an qué vén. »

« Mais toi, mon enfant, tu dois bien en avoir vu une fois vers le Couin, avec ton père; que l'homme de la pièce dit à ton père: Venez voir mon blé gâté. Vous y allàtes; il prit deux ou trois épis dans sa main, et puis il les frotta, et puis tout tomba en poussière. Et puis en vous retournant, quand vous n'étiez qu'à demi-heure de Corps, ton père te donna un morceau de pain, en te disant : Tiens, mon enfant, mange ce pain; que je ne sais pas qui en va manger l'an qui vient. »

« Je lui répondis :

« C'est bien vrai, Madame, je ne m'en souvenais pas. »	« Ei bién vraï, Madama, m'én rappela vou pas. »

« Après cela, elle nous dit en français:

« Eh bien! mes enfants, vous le ferez passer à tout mon peuple. »

« Puis elle a passé le ruisseau, et, à deux pas du ruisseau, sans se retourner vers nous, elle nous a dit encore :

« Eh bien! mes enfants, vous le ferez passer à tout mon peuple. »

« Puis elle est montée une quinzaine de pas, en glissant sur l'herbe, comme si elle était suspendue et qu'on la poussât. Ses pieds ne touchaient que le bout de l'herbe ; nous la suivîmes sur la hauteur ; Mélanie a passé par devant la Dame, et moi à côté, à deux ou trois pas.

» Avant de disparaître, cette belle Dame s'est élevée comme ça (Maximin désigne une hauteur d'environ un mètre cinquante centimètres); elle resta ainsi suspendue en l'air un moment, puis nous ne vîmes plus la tête, puis les bras, puis le reste du corps ; elle semblait se fondre. Et puis, il resta une grande clarté que je voulais attraper avec la main, avec les fleurs qu'elle avait à ses pieds ; mais il n'y eut plus rien.

» Et Mélanie me dit : ce doit être une grande sainte. Et je lui dis : si nous avions su que c'était une grande sainte, nous lui aurions dit de nous mener avec elle.

» Après, nous étions bien contents, et nous avons parlé de tout ce que nous avions vu, et puis nous avons été garder nos vaches.

» Le soir, en arrivant chez nos maîtres, j'étais un peu triste ; et comme ils me demandaient ce que j'avais, je leur racontai tout ce que cette Dame nous avait dit. »

Tel est le récit des deux jeunes bergers, conforme en tout, comme on l'aura remarqué, et pour le fond et presque aussi pour les expressions. Depuis sept ans que la sainte Vierge leur est apparue, ils ne varient et ne se contredisent jamais, et cependant ils sont interrogés par toutes sortes de personnes qui, souvent même, cherchent à les embarrasser. A peine ont-ils commencé à exécuter les ordres qu'ils reçurent de la reine des cieux *de le faire passer à tout son peuple,* qu'on emploie pour les ébranler et les réduire au silence les promesses et les menaces, les caresses et les injures ; mais inutilement. Sans se douter qu'ils tiennent le langage des Apôtres cités devant le Sanhédrin et sommés de se taire, ils répondent sans

se déconcerter : *Nous ne pouvons nous empêcher de dire ce que nous avons vu, ce que
nous avons entendu ; on nous a ordonné de
le dire.*

Il est vrai que ces deux enfants sont les
seuls acteurs dans le grand événement qui
continue toujours à préoccuper si vivement
les esprits ; mais il nous semble qu'il suffira
de connaître leur caractère, leurs défauts,
leur éducation, leur degré d'instruction, pour
donner à leur récit une pleine et entière
confiance.

Ce que nous allons dire de Maximin et de
Mélanie est extrait du rapport fait, le 19 juillet 1847, à Monseigneur l'Évêque de Grenoble, par les commissaires délégués par ce
vénérable prélat pour recueillir les documents
et renseignements concernant le fait de la
Salette.

Pierre-Maximin Giraud est né à Corps, le
27 août 1835, de parents pauvres, qui gagnent
leur vie à la sueur de leur front. Avant l'événement, Maximin n'allait point à l'école ; il
ne savait ni lire ni écrire, il était sans éducation, sans instruction. Conduit à l'église,
il s'échappait assez souvent pour aller jouer
avec ses petits compagnons, de sorte que,
dépourvu de toute instruction religieuse, il
n'avait pu être compris parmi les enfants

que leur curé préparait à la première communion. Son père déclare qu'il n'avait pu lui apprendre *Notre Père* et *Je vous salue*, qu'avec peine, en trois ou quatre ans.

Après l'événement, Maximin fréquenta l'école des Sœurs de la Providence. Voici ce que la respectable supérieure de l'établissement disait avoir remarqué dans cet enfant, depuis environ un an qu'elle était chargée de son éducation :

« Maximin ne montre que des moyens ordinaires ; il apprend à lire, à écrire, il apprend le catéchisme. Il est assez obéissant, mais léger, aimant le jeu, remuant sans cesse. Jamais il ne nous a parlé de la Salette, et nous avons évité de le faire parler là-dessus, pour qu'il ne se donnât pas d'importance. Jamais, au sortir des nombreux et longs interrogatoires qu'on lui a fait subir, il n'a dit à qui que ce soit, ni à nous, ni aux autres enfants, quel est le personnage qui l'a demandé, quelles questions on lui a adressées. Après ses courses à la Salette, après ses interrogatoires, il rentre aussi simplement, aussi bonnement que s'il n'avait été question de rien pour lui. Je n'ai pas voulu qu'il reçût de l'argent que quelques pèlerins lui offraient. Quand parfois il est forcé d'en accepter, il me le remet fidèlement , et ne s'inquiète nullement si je l'emploie pour lui ou pour ses parents. Quant aux objets de piété, comme livres, croix, chapelets, médailles, images, etc., qu'on lui donne en cadeau, il n'y tient pas du tout ; souvent il les donne au premier petit camarade qu'il rencontre, souvent aussi il les perd ou les égare par suite de sa légèreté naturelle. Maximin n'est pas naturellement pieux ; cependant il assiste volontiers à la messe, prie de bon cœur toutes les fois qu'on le fait souvenir de ce devoir. En un mot, cet enfant ne paraît nullement s'apercevoir qu'il est depuis dix mois l'objet de la curiosité, de l'empressement, de l'attention et des caresses d'un public nombreux ; il ne se doute pas d'être la cause première du concours prodigieux qui se fait à la Salette. »

La jeune bergère Françoise - Mélanie Mathieu est, aussi elle, née à Corps, le 7 novembre 1831, de parents très-pauvres. Jeune encore, elle fut placée en service pour gagner sa vie en gardant les troupeaux. Elle n'allait que rarement à l'église, parce que ses maîtres l'occupaient les dimanches et les fêtes, comme les autres jours de la semaine. Elle n'avait presque aucune connaissance de la religion, et sa mémoire ingrate ne pouvait retenir deux lignes de catéchisme ; aussi n'avait-elle pu être admise à faire sa première communion, quoique âgée de quinze ans. Mélanie n'est ni forte, ni grande, ni développée en raison de son âge ; sa figure est douce et agréable. On remarque une grande modestie dans son maintien, dans la pose de sa tête, dans ses regards. Quoique un peu timide, elle n'est ni gênée, ni embarrassée avec les étrangers.

Les neuf mois qui ont précédé l'apparition, elle était au service du nommé Baptiste Pra, propriétaire aux Ablandins, l'un des hameaux de la Salette. Interrogé sur le caractère de Mélanie, ce brave homme l'a dépeinte comme étant d'une timidité excessive, et tellement insouciante, qu'en revenant le soir de la montagne, toute trempée par la pluie, elle ne demandait pas même à changer. Quelquefois, et toujours par suite de son caractère, elle s'endormait dans l'écurie ; d'autres fois, si on ne s'en fût aperçu, elle aurait passé la nuit à la belle étoile. Cet homme a encore déposé que Mélanie, avant l'apparition, était paresseuse, désobéissante, boudeuse, au point de ne vouloir pas quelquefois répondre à ceux qui lui adressaient la parole ; mais que, depuis, elle était devenue active et obéissante, et faisait mieux ses prières.

Ce portrait des deux enfants ne permet pas de supposer raisonnablement qu'ils aient imaginé et concerté ce qu'ils racontent. Ils ne se connaissaient presque pas. En effet, avant d'entrer chez Baptiste Pra, son dernier maître, Mélanie avait servi pendant quatre ans hors de la paroisse de Corps, où elle ne paraissait que rarement, et, avant l'événement, Maximin, qui n'était aux Ablandins que depuis quelques jours, ne s'était rencontré qu'une fois avec Mélanie sur le plateau *des Baisses*. Comment donc, en si peu de temps, auraient-ils pu imaginer et graver dans leur mémoire le discours de la *belle Dame*, qu'ils ont répété le soir même de l'apparition, et dont une partie est en français, langue qu'ils comprenaient à peine ? Ce serait évidemment un prodige dont on n'a pas vu d'exemple, surtout en des enfants comme ceux-ci, grossiers, ignorants, ne connaissant que leurs montagnes et leurs troupeaux. Et d'ailleurs, tout, dans le discours, ne suppose-t-il pas des connaissances religieuses qui ne pouvaient se trouver en des enfants qui savaient à peine le *Pater* et l'*Ave?* Où auraient-ils pris les expressions bibliques dont se compose une partie de leur récit? Et ce beau, ce magnifique costume de la *Dame,* dont rien ne leur donnait l'idée, où l'ont-ils vu ? Qui leur a donné la pensée de prédire la maladie des raisins et des noix, la continuation de celle des pommes de terre, une grande famine, la mort des petits enfants par un tremblement, la pénitence des grandes personnes par la faim ? Comment ont-ils imaginé la disparition graduelle de la *Dame*, et ce secret sur lequel ils sont impénétrables ? Plus on réfléchit sur ce récit merveilleux, plus on sent le besoin de s'écrier avec le Roi-Prophète : *Oui, c'est le Seigneur qui a fait cela, et c'est ce qui paraît à nos yeux digne d'admiration. A Domino factum est istud, et est mirabile in oculis nostris.* (Ps. 117. 22.)

Qu'on ne nous dise pas ici que ces deux petits bergers ont été les victimes de la fraude, de la supercherie d'une aventurière, qui aurait essayé de les tromper, pour tromper ensuite le public. En effet, ou la dame est de Corps ou des environs, ou bien c'est une étrangère. Dans le premier cas, comment, depuis plus de sept ans, n'est-elle pas connue ? Comment n'a-t-elle pas été aperçue par les quarante autres bergers qui étaient sur la même montagne que Maximin et Mélanie ? Dans le second cas, si elle est d'un pays éloigné, comment a-t-elle pu parler le patois de Corps, par où a-t-elle passé pour arriver sur la montagne ? com-

ment n'a-t-elle été aperçue de personne?
Et dans l'un et l'autre cas, où a-t-elle puisé
cette lumière qui éblouissait les deux enfants? Où s'est-elle procuré ce crucifix, ces
tenailles, ce marteau si brillants, cette robe,
ces diamants, ces roses de diverses couleurs, dont ces enfants ne pouvaient sup-
porter la vue, parce que, disent-ils, *ça
brillait trop?*

Mais n'y aurait-il pas derrière cette affaire
un imposteur dont les deux bergers sont
complices ? Ce serait là, il faut l'avouer, un
fourbe d'une étrange sorte! Eut-il jamais
son pareil? Son but est sans doute de nuire
à la religion, et il l'affermit; d'anéantir la
piété, et il l'augmente; de faire des dupes,
et il l'est lui-même; d'affaiblir le culte de la
sainte Vierge, et il le propage. Encore une
fois, eut-il jamais son pareil? Eh quoi!
toujours invisible, et toujours se trouvant
juste à temps pour suggérer à ses deux petits complices les réponses qu'ils doivent
faire aux questions les plus embarrassantes;
se confiant à des enfants indiscrets de leur nature, et n'étant jamais découvert; leur pro-
mettant de l'or, et les laissant dans leur pau-
vreté; voulant s'enrichir lui-même par leur
moyen, et n'en retirant aucun profit; cher-
chant à les rendre aussi méchants que lui,

tandis qu'ils deviennent chaque jour meilleurs, surtout Mélanie qui, lorsque nous la vîmes, il n'y a que quelques jours, était sur le point de se consacrer à Dieu dans la Congrégation des Sœurs de la Providence, qu'elle édifie par sa piété et sa modestie. Et comment cet imposteur sans honneur, sans gloire, sans réputation, aurait-il eu, depuis l'apparition, un libre accès auprès des deux bergers, qui, tout le monde le sait, ont été confiés à la garde de personnes dignes, sous tous les rapports, de la plus grande confiance? Et cependant une demi-heure d'exercice avec eux n'a pas dû être assez pour les former au rôle extraordinaire qu'ils jouent avec tant de sagacité, depuis le premier jour, sans qu'on puisse les faire tomber en contradiction sur la moindre des choses qu'ils disent avoir vues, dites, faites et entendues.

Rien, en effet, n'est plus frappant, plus extraordinaire que les réponses de ces enfants aux mille questions qui leur sont adressées tous les jours par des personnes graves, instruites et sagement défiantes. Elles sont claires, décisives et souvent énergiques. Pour ne pas aller au-delà des bornes que nous nous sommes prescrites, nous n'en citerons que quelques-unes, que nous choisissons de préférence parmi celles qu'ils don-

nèrent alors qu'ils étaient encore sans instruction.

RÉPONSES DE MAXIMIN.

D. Vous vous êtes entendu avec Mélanie,
et l'on vous a donné de l'argent pour que
vous disiez toute cette histoire.

R. *Avec calme, et en regardant celui qui
l'interrogeait :* Eh bien ! Monsieur, puisque
vous en savez tant, dites combien on m'a
donné ?

D. Oh ! le prix n'y fait rien ; mais vous
avez été payé !

R. Moi, je dis non... si vous ne voulez
pas le croire, laissez-le.

D. Un de ces jours, on viendra vous prendre, on vous mettra en prison, et l'on vous
conduira à l'échafaud.

R. *Avec énergie :* Eh bien ! j'y monterai !
Qu'est-ce que ça me fait ?

D. Vous avez voulu faire parler de vous :
cela durera peut-être encore quelque temps,
et puis tout tombera.

R. Ça tombera, ça tombera... quand la
religion tombera.

D. La Dame que vous avez vue est en
prison à Grenoble.

R. Bien fin qui la prendra.

D. Elle vous a certainement trompé ; elle vous a prédit une famine, et cependant la récolte est bonne partout.

R. Qu'est-ce que ça me fait ? Elle me l'a dit ; cela la regarde... *Mais si on a fait pénitence !*

D. La Dame vous a donné à chacun un secret, le direz-vous quelque jour ?

R. Je le dirai, ou je ne le dirai pas.

D. Et s'il fallait dire votre secret, ou mourir?

R. Eh bien ! je *mourirais !*

D. Ne vous ennuyez-vous pas d'avoir toujours à répéter la même chose ?

R. Et vous, Monsieur (c'était un prêtre), vous ennuyez-vous de dire tous les jours la messe ?

RÉPONSES DE MÉLANIE.

D. Vous ne compreniez pas le français, vous n'alliez pas à l'école ; comment avez-vous donc pu vous rappeler ce que la Dame vous disait? Elle vous l'a dit plusieurs fois ? Elle vous a appris à vous le bien rappeler ?

R. Oh! non, elle ne me l'a dit qu'une fois, et je m'en suis bien souvenue. Et puis, quand même je ne le comprenais pas bien, en me disant ce qu'elle m'avait dit, ceux qui comprenaient le français, le comprenaient, et cela suffisait.

D. N'avez-vous pas peur des malheurs qui nous menacent ?

R. *J'ai* peur de rien.

D. Mais si vous mouriez aussi vous ?

R. Tant mieux ! je serais bien contente !

D. Comment ! vous désireriez mourir ? eh ! pourquoi ?

R. *J'aime* pas être ici sur la terre.

D. Pour quelle raison ?

R. Je *trouve* rien de beau.

D. Elle était donc bien belle celle que vous avez vue ?

R. Oh ! oui, elle était bien belle ! Mais je *pouvais* pas la regarder longtemps.

D. Comment a-t-elle disparu ?

R. Nous avons plus vu la tête, puis plus vu les bras, puis plus vu les pieds, puis plus vu la clarté.

D. La Dame a disparu dans un nuage ?

R. Il *y* avait pas de nuage.

D. Mais il est facile de s'envelopper d'un nuage et de disparaître ?

R. *Avec vivacité :* Monsieur, enveloppez-vous d'un nuage et disparaissez !

D. Le personnage que vous avez vu est un mauvais esprit qui voudrait semer la discorde dans l'Eglise ?

R. Mais le démon ne porte pas une croix !

D. Le démon a porté cependant Notre-

Seigneur sur le temple, sur une montagne, il pourrait bien porter sa croix ?

R. *Avec assurance :* Non, le bon Dieu ne laisserait pas porter sa croix comme ça. *C'est sur la croix qu'il est mort; c'est par la croix qu'il a sauvé le monde.*

Lorsque ces jeunes enfants répondaient avec tant d'à-propos aux questions qui leur étaient faites, où était donc l'imposteur dont on voudrait qu'ils eussent été les complices ? Eût-il bien pu lui-même donner des réponses aussi promptes, aussi décisives ? Ne semble-t-il pas plutôt que Dieu seul pouvait inspirer un semblable langage à des enfants encore si grossiers et si ignorants ?

Des détracteurs du fait de la Salette, toujours prêts à saisir la plus légère occasion de l'infirmer, ont répandu le bruit, il n'y a que quelques mois encore, qu'enfin le dénouement était proche, et que bientôt l'on ouvrirait les yeux : que Maximin s'était fait chasser du petit séminaire de Grenoble, qu'il publiait partout son prétendu secret, qu'il faisait l'inspiré, et annonçait, d'un ton prophétique, des malheurs pour une époque déterminée et très-rapprochée. « Attendons encore un peu, disaient-ils, et il faudra bien que l'on ouvre les yeux sur cette prétendue apparition de la sainte Vierge. »

Nous nous inscrivons en faux contre ces assertions, et nous le faisons avec d'autant plus d'assurance, que nous avons pu constater sur les lieux mêmes qu'il n'y a rien de vrai dans ces bruits. En effet, le 17 septembre dernier, nous étions reçus par Mgr l'Evêque de Grenoble, et le vénérable Prélat voulait bien nous rassurer contre cette nouvelle machination des ennemis du fait de la Salette : « Maximin, nous disait-il, n'a pas été chassé du séminaire. On l'a confié, pendant les vacances, à un respectable ecclésiastique des environs de Grenoble, M. le curé de Seyssins, qui ne le perd pas de vue. Il ne fait pas le prophète ; seulement il a répété avec trop d'intérêt quelques prophéties que l'on avait pris plaisir à publier devant lui, dans le but d'exalter son imagination. J'ai dû cependant, pour couper court à tous les bruits que l'on s'attachait à accréditer, m'assurer s'il y a dans le secret de Maximin quelque chose qui ait trait à ces prophéties, et je puis dire que je sais de la manière la plus positive qu'il n'en est rien : Maximin est aussi impénétrable aujourd'hui sur son secret que par le passé. »

M. l'abbé Rousselot, que nous vîmes le lendemain, nous parla dans le même sens. Il nous dit que le tort de Maximin avait été de ne pas avoir assez bien évité les piéges tendus à sa bonne foi, et d'avoir trop écouté les prétendues confidences qui lui ont été faites mystérieusement, et les étranges prédictions que l'on affectait de publier devant lui. Au reste, si nous ne craignions pas d'être indiscrets, nous pourrions ajouter ici un fait bien propre à convaincre que Maximin, dans tout ce qu'il a dit, n'a pas trahi le moins du monde son secret.

Hâtons-nous de le dire bien haut : On ne parviendra jamais à détruire un évènement qui est si évidemment l'œuvre de Dieu. Oui, l'apparition de la Reine du ciel sur la sainte montagne est un fait irrévocablement établi, et rien au monde ne peut plus désormais l'empêcher de suivre son cours. Si ceux qui doutent encore se fussent trouvés comme nous sur la sainte montagne, le 19 septembre dernier, ils en seraient descendus, s'ils sont de bonne foi, pleinement convaincus, et ils n'auraient pu s'empêcher de s'écrier comme tant d'autres : *Le doigt de Dieu est ici; Digitus Dei est hic.* (Exod. 8. 19.)

Ce fut le 13 septembre, un peu avant midi, que nous partîmes de Luçon, mon compagnon de voyage et moi, pour aller visiter ce lieu sanctifié par la présence de la

Mère de Dieu. Nous arrivâmes à Lyon le 16, à huit heures du matin. A peine descendus de voiture nous nous hâtâmes de monter à la chapelle de Notre-Dame de Fourvières, qui rappelle de si précieux souvenirs. Que nous fûmes heureux de pouvoir mettre notre pélerinage sous la protection de Marie, dans un de ses sanctuaires où, tant de fois, elle a fait éclater sa bonté et sa puissance! Il nous semblait que cette bonne Mère se plaisait à jeter quelques regards sur deux pauvres voyageurs qui faisaient avec tant de bonheur une halte auprès de son image si féconde en prodiges.

Il fallut cependant quitter ce séjour délicieux ; mais une consolation nous restait : nous laissions les pieds de Marie, pour aller nous y jeter encore sur la sainte montagne de la Salette, devenue si célèbre depuis que cette Mère de Miséricorde a daigné la visiter et la consacrer par ses larmes.

Nous partîmes de Lyon en jetant un dernier regard sur la Vierge de Fourvières, et en nous disant tout bas : Oh! oui, la terre est un lieu d'exil, puisque, partout où l'on va, on emporte le regret du lieu où l'on n'est plus ! Comme si nous eussions oublié que nous quittions en quelque sorte un ciel, pour aller dans un autre plus ravissant encore par les souvenirs tout récents qui s'y rattachent.

A Grenoble, nous eûmes la consolation de célébrer les saints mystères, et, comme il ne nous restait plus que quelques heures avant le départ des voitures pour la petite ville de Corps, située au bas de la montagne de l'apparition, nous nous empressâmes d'aller offrir nos respectueux hommages au vénérable Successeur de Mgr de Bruillard, qui daigna nous accueillir avec une bonté que nous n'oublierons jamais. Ce pieux et savant Prélat, ainsi que nous l'avons dit plus haut, nous donna sur Maximin des détails qui nous confirmèrent dans notre conviction déjà bien arrêtée que cet enfant était toujours resté impénétrable sur son secret. Nous prîmes congé de Sa Grandeur aprés avoir reçu sa paternelle bénédiction, et, quelques instants après, nous nous joignîmes aux nombreux pélerins qui se dirigeaient comme nous vers la sainte montagne.

Nous arrivâmes à Corps le dimanche dix-huit, à sept heures du matin. Après avoir visité l'estimable M. Mélin, archiprêtre-curé de cette paroisse, nous célébrâmes la sainte messe au milieu d'un grand concours de voyageurs, que leur piété avait attirés comme nous sur cette terre bénie. A dix heures, nous prîmes le chemin de la montagne, précédés et suivis de nombreux pélerins.

Au sortir de Corps, on s'engage dans une gorge étroite, et l'on suit une pente douce jusqu'à une chapelle nommée Notre-Dame de Gournier, que l'on rencontre après une heure environ de marche. Là, nous prîmes un instant de repos aux pieds de Marie. Viennent ensuite des montées rudes et difficiles, qui se succèdent sans interruption jusqu'à une seconde chapelle, dédiée à saint Sébastien, sur le frontispice de laquelle on lit cette inscription : *Saint Sébastien, priez pour nous et préservez-nous de la peste.* Après nous être recueillis quelques instants sur le seuil de ce modeste sanctuaire, nous continuâmes notre route, et peu après nous atteignions le premier des trois hameaux qu'il faut traverser, celui des Ablandins, où Maximin et Mélanie étaient en service avant l'apparition. Rien n'est ravissant comme ces hameaux divers qui composent la paroisse de la Salette, si agréablement échelonnés sur le flanc de la montagne. A partir du dernier des villages, le chemin devient de plus en plus escarpé et difficile jusqu'au plateau révéré.

Après une marche de quatre heures, nous aperçûmes enfin une grande croix plantée sur le haut du versant de la montagne que nous avions en face de nous. Cette croix indique aux voyageurs que le lieu sanctifié par les pas de la Reine du ciel n'est plus désormais éloigné. Dans ce moment, nos yeux se remplirent de larmes. Ce que nous éprouvions alors, tout pélerin l'éprouve : il semble que les pleurs que la Reine du ciel versa sur la montagne ont la vertu d'en faire aussi répandre à ceux qui visitent ce saint lieu.

Après avoir salué le signe adorable de notre rédemption, nous aperçûmes bientôt, avec un saisissement de respect que je ne puis exprimer, le magnifique monument que la piété des fidèles de l'univers entier élève à la gloire de Marie. En approchant de ce lieu sacré, nous conjurâmes cette Mère de miséricorde de convertir tous les pécheurs et de les sauver ; de ne pas oublier qu'elle est notre Mère, et que la France lui est consacrée. Nous eûmes aussi un souvenir tout particulier pour notre vénéré Prélat, pour son clergé, et pour le diocèse qu'il gouverne avec tant de sagesse.

Arrivés sur le sommet de la montagne, nous fûmes témoins du plus ravissant spectacle que nous eussions jamais été à même de contempler. Oh ! que la foi est forte et vive sur cette terre de bénédiction, où le respect humain, qui fait partout de si nombreuses victimes, n'a point d'accès! Qu'elles étaient douces et pieuses, ces mille voix qui chantaient les louanges de Marie! Avec quel saint recueillement une foule innombrable de pélerins, de tous les âges et de toutes les conditions, parcouraient le royal sentier tracé par cette Mère affligée! Oui, que ceux qui douteraient encore de la réalité de l'apparition de la Reine des cieux viennent voir ce qui se passe dans ces lieux de délices, et ils ne les quitteront qu'après avoir invoqué Notre-Dame de la Salette, et s'être écriés, avec la plus profonde conviction : *C'est le Seigneur qui a fait cela, et nos yeux le voient avec admiration; A Domino factum est istud, et est mirabile in oculis nostris.* (Matth. 21. 42.)

Quelques heures avant notre arrivée, une cérémonie ravissante avait eu lieu pour la translation, dans la nouvelle église, de la riche et gracieuse statue de Marie, dont un habitant de Marseille a fait hommage au pieux sanctuaire de la montagne, en reconnaissance de la protection toute particulière de cette Mère de miséricorde, qui l'avait sauvé au moment où, roulant sur un des versants les plus rapides de la Salette, il allait se briser contre des rochers. Mais si, dans cette belle matinée, nous fûmes privés du bonheur de mêler nos prières et nos voix à celles des pélerins, nous eûmes du moins, après les vêpres, qui furent chantées avec solennité, la douce consolation d'être bénis par notre divin Maître. Dans ce moment solennel, nous conjurions Marie de répandre sur nous et sur ceux qui nous avaient chargés de leurs vœux, les plus abondantes bénédictions de son Fils.

Ce même jour, à dix heures du soir, on fit en commun le chemin de la croix. Tous les cœurs étaient émus, tous les yeux baignés de pleurs, en suivant cette voie des douleurs encore si récentes de la Mère de Dieu. Mais ce fut surtout à la dernière station, celle où la sainte Vierge disparut aux yeux des bergers, que le prédicateur, s'abandonnant au feu de l'inspiration, jeta dans le cœur de cette foule attendrie les plus vives émotions. Après la cérémonie, qui dura deux heures, cette multitude de pélerins semblait s'être oubliée elle-même, pour ne s'occuper que du ciel ; la terre avait disparu pour ces âmes ferventes, et, toute la nuit, leurs chants à la gloire de Marie préludèrent à la fête du lendemain.

A minuit, les messes commencèrent, et furent célébrées sans interruption à quatre autels jusqu'à midi. A cinq heures, déjà plus de trois mille personnes avaient reçu la sainte communion. A dix heures, une messe solennelle fut chantée en plein air par **M.** l'abbé Rousselot, vicaire-général de Mgr l'Evêque de Grenoble : un autel bien décoré avait été dressé sur le versant du mont Gargas, en face de la fontaine miraculeuse. Derrière cet autel, cent trente prêtres étaient rangés en hémicycle, tandis qu'un nombre prodigieux de pélerins occupaient la colline du côté opposé. Il y avait quelque chose de majestueux et de saisissant dans le spectacle que présentait cette foule si profondément recueillie. Après l'évangile, un des missionnaires de la Salette fit une touchante allocution sur les bontés de Marie, qui ne cesse de prier pour arrêter le bras de son Fils levé sur nos têtes coupables. Ce discours, plein d'intérêt et d'onction, rappelait l'événement qui nous avait tous attirés sur la montagne; il produisit sur l'auditoire la plus vive impression.

Après les vêpres, qui furent aussi célébrées en plein air, la plupart des pélerins descendirent la montagne. Tous exprimaient le regret de quitter si vîte un lieu où ils avaient éprouvé de si douces consolations, et où Marie avait si puissamment parlé à leur cœur.

Que l'on vienne donc nous dire, à nous

qui avons tout vu de si près, que le grand
événement de la Salette a fait son temps,
qu'il a perdu de son prestige et de sa puissance, que le nombre des croyants diminue
chaque jour, et nous leur opposerons comme
une nouvelle merveille ce nombreux concours d'étrangers arrivés, dès la veille, sur le
plateau de la montagne, pour se préparer à
la fête si ravissante du lendemain par des
chants religieux, par des prières en commun,
que ne put interrompre une nuit froide et
humide. La réunion de douze à quinze mille
pélerins, accourus de tous les points de la
France et de l'étranger, pour prendre part à
la grande solennité du septième anniversaire,
dont la magnificence a dû réjouir le ciel et
la terre, et de cent trente prêtres repré-
sentant cinquante diocèses, parle assez haut
en faveur du fait de la Salette, et prouve
évidemment que, non-seulement il n'a rien
perdu de son prestige, mais encore que le
nombre de ceux qui y croient devient de
jour en jour plus considérable.

Nous quittâmes à regret la sainte montagne, le 20, à dix heures du matin, après
avoir adressé à Marie une dernière prière
pour la France, et en particulier pour la
religieuse Vendée. Quelques instants après
notre arrivée à Corps, nous partîmes pour

Grenoble avec M. l'abbé Rousselot, qui, pendant tout le trajet, fut plein de bontés pour nous, mais qui y mit le comble le lendemain en nous accompagnant à Corenc, où nous vîmes Mélanie, aujourd'hui sœur Marie-de-la-Croix. Corenc est la maison-mère des Sœurs de la Providence. Ce couvent est situé sur le flanc d'une montagne qui domine Grenoble, dont il est distant de six à sept kilomètres. Nous y eûmes avec Mélanie l'entretien suivant :

D. Voudriez-vous nous faire le récit de l'apparition de la sainte Vierge et du discours qu'elle vous a adressé ?

R. Oui, Monsieur.

D. Mais n'est-ce pas ennuyeux pour vous de répéter si souvent la même chose ?

R. Je raconte toujours avec plaisir le fait de la Salette. (Suit le récit tel que nous l'avons donné plus haut, page 8 et suiv.)

D. Quel était l'éclat de la lumière que vous vîtes sur la fontaine ?

R. La clarté du soleil n'était qu'une ombre.

D. Où étiez-vous lorsque vous vîtes cette lumière ?

R. A la place occupée par l'avant-dernière croix.

D. Quand aperçûtes-vous la sainte Vierge ?

R. Presque aussitôt la lumière devint moins

brillante, et nous vîmes la *Dame* assise et penchée, la tête appuyée sur ses deux mains.

D. Comment était-elle vêtue ?

R. Elle avait une robe blanche semée de paillettes d'or ; les richesses de la terre n'en donnent point l'idée.

D. Mais les magnifiques ornements de nos églises n'en donneraient-ils pas une idée ?

R. Tout cela n'est pas seulement l'ombre de la robe que j'ai vue ; l'or le plus pur n'est que de la poussière.

D. La sainte Vierge avait-elle un voile ?

R. Non, Monsieur.

D. Est-il vrai qu'elle avait un fichu ?

R. Oui, elle avait un fichu croisé bien haut, et noué par derrière.

D. Mais ceci devait être d'un mauvais effet ?

R. Oh ! non, c'était très-gracieux.

D. Qu'avait-elle sur la tête ?

R. Une couronne de roses blanches, roses et bleues, et quelque chose de brillant que je ne sais pas définir, qui ne laissait voir ni ses oreilles, ni ses cheveux.

D. La sainte Vierge paraissait-elle jeune?

R. Oui, elle paraissait jeune.

D. Pouviez-vous la fixer ?

R. Non, je ne pouvais pas la fixer ; elle brillait trop, ça faisait mal aux yeux.

D. Comment étiez-vous placés devant elle?

R. Maximin était à ma droite, et nous étions placés de manière presque à la toucher.

D. Etiez-vous dans la lumière?

R. Oui, nous étions dans la lumière, et la lumière allait même un peu plus loin que nous.

D. Entendiez-vous la sainte Vierge parler comme une autre personne?

R. J'entendais une voix comme une musique bien douce.

D. Avez-vous pensé que c'était la sainte Vierge?

R. Je disais que c'était une sainte; Maximin disait : Mais une sainte n'a pas de fils!

D. Que vous êtes-vous attachée à regarder plus particulièrement?

R. Les roses et le Christ.

D. Comment étaient la croix et le Christ?

R. La croix était jaune, et le Christ, ainsi que les tenailles et le marteau, si brillants que je ne pouvais les fixer.

D. Saviez-vous vos prières avant l'apparition?

R. Non, je ne savais que l'*Ave Maria*.

D. Comment avez-vous pu retenir le discours de la sainte Vierge?

R. Je sentais que ses paroles se gravaient en moi.

D. Ordinairement apprenez-vous facilement ?

R. Non, Monsieur, dit-elle en souriant.

D. Combien de temps avez - vous mis à apprendre les actes de Foi, d'Espérance et de Charité ?

R. J'ai mis deux ans.

D. Est-il vrai que la sainte Vierge avait les mains croisées visiblement sur sa poitrine?

R. Non, les mains étaient cachées dans les manches de la robe, sa main droite était appuyée sur le bras gauche.

D. Vous a-t-elle annoncé d'autres malheurs que la maladie des pommes de terre et des raisins, la famine, et la mort des petits enfants ?

R. *Dans le récit*, elle n'a pas dit d'autres malheurs.

D. Quand vous a-t-elle donné votre secret ?

R. Après avoir parlé des raisins.

D. Etait-elle plus triste losqu'elle vous le donnait ?

R. Si elle annonçait des malheurs, sa voix était plus triste.

D. La sainte Vierge a-t-elle suivi exactement le chemin planté de croix ?

R. Oui, Monsieur.

D. Marchait-elle ?

R. Oui, elle marchait.

D. Etait-elle bien élevée de terre ?

R. Elle ne faisait qu'effleurer le gazon (elle montre en même temps une hauteur d'environ 25 centimètres).

D. Au moment où elle allait disparaître, n'était-elle pas plus triste, surtout en regardant un point de l'horizon, vers lequel vous avez su depuis que se trouve Rome ?

R. Non, mais elle versait beaucoup de larmes.

D. Ses larmes tombaient - elles jusqu'à terre ?

R. Ses larmes tombaient, mais elles disparaissaient avant d'arriver à terre.

D. Avez-vous pensé qu'un jour votre secret serait connu ?

R. J'ai pensé qu'il n'avait pas été donné pour moi.

D. Savez-vous si un jour vous publierez vous-même votre secret ?

A cette question, Mélanie a gardé le silence, et ce n'est qu'après que nous eûmes insisté, qu'elle a répondu : *Peut-être que je le sais.*

D. Etes-vous contente de l'avoir livré au souverain Pontife?

R. Je n'en suis pas inquiète ; mais j'aimerais mieux ne l'avoir pas fait.

Telles sont les réponses que nous avons

recueillies de la bouche même de Mélanie. Elle nous les a données sans embarras comme sans prétention, tout simplement et naïvement; jamais la réponse ne se faisait attendre. Il y a dans le ton de sa voix quelque chose de pur, d'angélique, qui établit à l'instant même la plus profonde conviction. Mélanie est surtout remarquable par sa grande et rare modestie. Loin d'être flattée d'attirer l'attention, elle voudrait s'y dérober, si le sentiment de sa mission ne l'emportait toujours sur sa timidité naturelle. Depuis qu'elle a pris l'habit religieux, elle fait chaque jour de nouveaux progrès dans la vertu, à tel point, que sa supérieure disait à un ecclésiastique : « *Mélanie est, sans s'en douter, dans une sorte d'oraison éminente et continuelle, qui se trahit chaque nuit dans son sommeil ; c'est un cœur qui, au moment de l'apparition, a été blessé d'un dard qui y est resté.* » Voici, du reste, quelques-unes des pensées de cette fille de bénédiction, extraites de ses lettres, qui viennent confirmer ce beau témoignage de sa vénérable supérieure.

« Oh! si nous comprenions, écrivait-elle en 1852, le bonheur que Dieu donne aux justes dans le ciel, nous agirions comme des anges; nous aimerions mille fois mieux la mort que de faire un péché véniel. Que nous auront servi, après la mort, tous les plaisirs faux et passagers? Attachons-nous à ce qui est durable, à Dieu et à sa tendre Mère. »

Dans une autre lettre du mois d'avril de la même année, Mélanie s'exprime en ces termes :

« Oh! que je suis heureuse d'être ici, dans cette sainte maison! Il me semble que mon bonheur augmente tous les jours : je serai éternellement reconnaissante envers le bon Dieu de m'avoir tirée du bourbier du monde trompeur...

» *Ayons une bien grande confiance en Notre-Dame de la Salette :* elle s'est montrée et se montre toujours bien bonne pour nous.

» Oh! aimons, aimons celui qui nous aime et qui nous a aimés jusqu'à la mort pour nous sauver! Quand est-ce que nous comprendrons ce grand mystère de l'amour de Jésus-Christ pour nous! »

Qui n'admirerait des sentiments si beaux, si purs? Et cependant Mélanie, quelques années auparavant, ne savait que l'*Ave Maria !*

Nous descendîmes de Corenc à midi, et en passant auprès de Mont-Fleuri, où Monseigneur de Bruillard a fixé sa retraite, nous fîmes une visite à ce saint Prélat, si zélé pour la gloire de Marie.

Le lendemain, M. l'abbé Rousselot, qui ne se lassait pas d'aller au-devant de tous nos désirs, fit venir de Seyssins, exprès pour nous, le jeune Maximin. Nous eûmes avec lui une longue conversation, qui nous révéla ce qu'il y a de candide dans l'âme de cet enfant, et qui nous confirma dans la conviction où nous étions qu'il n'a pas manqué à la mission qu'il a reçue de la Reine des cieux, ni au secret qu'elle lui a confié. Voici cette conversation :

D. Quel jour avez-vous vu la sainte Vierge?

R. Le 19 septembre 1846, un samedi, veille de la fête de Notre-Dame des Sept Douleurs, sur les trois heures après midi.

D. Veuillez nous faire le récit de l'apparition.

(Maximin fait le récit exactement tel que nous l'avons donné à la page 15 et suiv.)

D. N'avez-vous point eu peur en voyant cette grande lumière et la *belle Dame?*

R. D'abord nous avons eu peur; mais dès qu'elle nous eût dit : « *Mes enfants, n'ayez pas peur; je suis ici pour vous conter une grande nouvelle,* » nous n'avons plus eu peur.

D. Est-il vrai que vous ayez dit à Mélanie de garder son bâton pour qu'il pût vous servir au besoin, si elle voulait vous faire quelque chose.

R. Oui, c'est vrai; mais c'est une question qui me fait de la peine et qui me couvre de confusion : je n'aime pas à y répondre.

D. Comment était habillée la sainte Vierge?

R. Elle avait une robe blanche semée de paillettes d'or, un Christ et une croix sur la poitrine, des tenailles et un marteau qui y étaient suspendus sans paraître attachés. Mélanie a mieux considéré que moi. Si c'eût été un homme, j'aurais mieux regardé.

D. Avez-vous vu sa figure?

R. Oui, mais elle était si brillante que je ne pouvais la fixer. J'étais obligé de baisser les yeux.

D. Quel était l'accent de la voix de la sainte Vierge?

R. C'était comme une musique; mais une musique douce, très-douce. Il y avait cependant comme quelque chose de triste, surtout lorsqu'elle annonçait des malheurs.

D. Avez-vous entendu quelquefois des voix aussi douces?

R. Oh! non, jamais! C'était une mélodie comme on n'en entend pas. Je me sers maintenant de ce mot mélodie, qui rend mieux ma pensée. Au commencement on me demandait si c'était mélodieux; mais je ne comprenais pas. Aujourd'hui que je comprends mieux, je me sers de ce mot.

D. Etiez - vous bien près de la sainte Vierge ?

R. Très-près : nous lui touchions presque.

D. A quelle distance ?

R. Comme ça. (Il montre une distance d'environ cinquante centimètres.)

D. Etait-elle environnée de lumière ?

R. Oui, Monsieur.

D. Cette lumière allait-elle jusqu'à vous ?

R. Oui, nous étions dans la lumière.

D. La sainte Vierge touchait-elle la terre quand elle vous parlait ?

R. Non, elle ne touchait pas la terre.

D. Et lorsque vous la vîtes sur la fontaine était-elle assise ?

R. Elle semblait être assise ; mais elle ne touchait pas la pierre.

D. A quel moment vous a-t-elle donné votre secret ?

R. Après qu'elle nous eût parlé des raisins.

D. A qui l'a-t-elle donné d'abord ?

R. A moi.

D. A-t-elle parlé à Mélanie plus longtemps qu'à vous ?

R. Je crois que oui.

D. Entendiez-vous la voix de la sainte Vierge, lorsqu'elle donnait à Mélanie son secret, et Mélanie l'entendait-elle lorsqu'elle vous donnait le vôtre ?

R. Non, elle nous avait rendus sourds.

D. Compreniez-vous ce qu'elle vous disait lorsqu'elle vous parlait en français ?

R. Non, je ne comprenais pas.

D. Comment avez-vous pu le remarquer ?

R. Je ne sais pas, mais je sentais que ça se gravait dans mon esprit.

D. Et ces paroles : *Vous le ferez passer à tout mon peuple*, les compreniez-vous?

R. Non, je ne les comprenais pas.

D. On a dit que vous aviez de gros chiens avec vous sur la montagne ; étaient-ils méchants?

R. Oui, nous avions nos chiens, et ils aboyaient ordinairement après tout ce qu'ils apercevaient.

D. Ont-ils aboyé lorsque vous avez vu la *belle Dame?*

R. Ils n'ont rien dit ; ils se sont couchés derrière nous.

D. La lumière qui vous environnait les couvrait-elle ?

R. Non, la sainte Vierge ne se répand pas sur les bêtes.

D. Comment la sainte Vierge a-t-elle disparu?

R. Après nous avoir dit : *Vous le ferez passer à tout mon peuple*, elle s'est éloignée de nous en traçant sur la route comme une

espèce de M; puis elle a disparu, la tête
d'abord, puis le corps, puis les pieds, et il
y eut pendant encore quelques instants une
clarté, puis nous n'avons plus rien vu.

D. L'avez-vous suivie quand elle s'est
éloignée de vous?

R. Oui, nous l'avons suivie.

D. N'avez-vous pas voulu lui prendre une
des roses qui étaient à ses souliers?

R. Oui, mais je n'ai pas pu.

D. Comment étaient faites ces roses?

R. Il y en avait de plusieurs couleurs; mais
ce n'étaient pas précisément des roses, je
me sers des expressions qui peuvent le mieux
rendre ma pensée; mais il n'y a pas sur la
terre de roses comme celles que nous avons
vues; c'étaient des espèces de charbons
très-brillants, très-étincelants.

D. Avait-elle une couronne de ces roses
sur la tête?

R. Oui, Monsieur.

D. Comment était la coiffure de la sainte
Vierge?

R. Je ne puis vous l'expliquer: il s'échappait de son front des rayons qui venaient un
peu sur le devant.

D. Les images que l'on a faites lui res-
semblent-elles?

R. Non, point du tout.

D. On dit que Mélanie s'occupe de la coiffure de la sainte Vierge ?

R. Temps perdu : est-elle capable !

D. Ne pourriez-vous pas nous donner une idée de la sainte Vierge et de la lumière ?

R. Figurez-vous un soleil mille fois plus brillant que le nôtre, et puis au milieu une belle Dame, si on peut s'en figurer une.

D. De quel côté a regardé la sainte Vierge en disparaissant ?

R. Elle était tournée vers la Méditerranée, vers l'Italie.

D. Qu'avez-vous dit en voyant celle que vous appeliez une *belle Dame ?*

R. J'ai dit que c'était peut-être une sorcière.

D. Et Mélanie, qu'a-t-elle dit ?

R. Elle a dit que c'était une sainte, ou bien le bon Dieu de son père, le bon Dieu de sa mère.

D. Qu'avez-vous pensé qu'il fallait faire de ce que la sainte Vierge vous a dit ?

R. Mélanie disait qu'elle ne voulait le dire à personne, et moi, je disais que je voulais le dire à tout le monde.

D. Qui a pu vous faire croire que les paroles de la sainte Vierge fussent pour tout le monde ?

R. Je ne sais pas ; mais j'ai pensé que c'était comme les prêtres, lorsqu'ils prêchent.

Leurs paroles sont générales et s'adressent à tout le monde, quoiqu'il y ait peu de personnes à les entendre; ce n'est pas aux murs qu'ils s'adressent.

D. Pensez-vous que les malheurs dont la sainte Vierge nous menace arriveront infailliblement?

R. Je ne sais pas : le bon Dieu est aussi bon qu'il était autrefois. Il aurait bien pardonné aux cinq villes coupables, s'il s'y fût trouvé dix justes. Pourquoi ne le ferait-il pas aujourd'hui?

D. Aimez-vous bien la sainte Vierge?

R. Oh ! oui.

D. Vous devez souffrir de voir que tout le monde ne croit pas au fait de la Salette?

R. *(Maximin croyant qu'on lui demande s'il n'est pas mécontent lorsqu'il s'aperçoit qu'on n'ajoute pas foi à ses paroles :)* Qu'on me croie, ou qu'on ne me croie pas, cela m'est égal : j'ai accompli ma mission, c'est aux autres à remplir la leur. J'ai dit ce que j'ai vu; qu'on en fasse ce qu'on voudra. Je suis un instrument. Pour moi, je sais à quoi m'en tenir, j'ai mon but, il faut que j'y arrive.

D. Mais au moins vous devez être mécontent lorsque quelques personnes attaquent le fait de la Salette?

R. Non : ça ne me fait rien. Ils auront

beau faire, ils ne renverseront pas le fait de la Salette. Qu'ils croient, ou qu'ils ne croient pas, c'est leur affaire; cela les regarde. Toutes leurs attaques, du reste, sont du fumier.

D. Qu'entendez-vous par là ?

R. Eh bien ! oui, leurs attaques sont du fumier : de même qu'une fleur, une plante, ne pourraient pas croître, ou croîtraient difficilement, si on ne leur mettait pas du fumier au pied, de même aussi le fait de la Sallette ne pourrait pas croître, s'il n'était pas attaqué. Ceux qui l'attaquent lui servent donc plus qu'ils ne pensent. Mais ils ont beau dire qu'ils ne croient pas, ils finiront bien par croire. Je crains une chose ; c'est qu'ils ne voient trop la vérité un jour.

D. Que voulez-vous dire encore ?

R. Ce que je veux dire ? C'est qu'ils apercevront la vérité de la Salette quand ils commenceront à souffrir par *la bouche;* alors ils croiront bien, mais ce sera trop tard.

D. Que disent ceux qui ne croient pas ?

R. N'ayant aucune bonne raison à donner, il faut bien qu'ils en donnent de mauvaises. Ainsi, dans un premier livre contre la Salette, ils disent que nous n'avons rien vu ; dans un second, ils disent que nous avons vu ; puis, au commencement d'un troisième, ils mettent deux vers de Boileau, pour dire qu'il faut bien connaître les lieux ; et puis, comme preuve de ce qu'ils avancent, ils supposent arrivé à 15 kilomètres de la Salette, le fait arrivé à la Salette. Avant d'attaquer, ils feront bien de s'entendre, et de ne pas faire arriver dans un endroit ce qui est arrivé dans un autre.

D. Vous savez que Monseigneur l'Evêque de Luçon n'a pas hésité à publier dans son diocèse le fait de la Salette ? Vous aurez lu sans doute sa lettre pastorale ?

R. Non ; je ne lis jamais les écrits qui sont en faveur de la Salette, mais je lis ceux qui sont contre. En lisant les premiers, je craindrais qu'on ne dît que j'étudie ma leçon ; mais je lis les autres pour pouvoir m'élever contre au besoin.

D. Vous connaissez au moins les ouvrages de M. l'abbé Rousselot ?

R. Non, je ne les ai pas lus ; d'ailleurs, je n'aime pas les discussions. J'aimerais mieux qu'on fît simplement passer le fait, que tous les prêtres le prêchassent ; après, libre à chacun de le laisser. C'est un fait qui n'a pas besoin de preuves.

D. Les visiteurs ne vous fatiguent-ils pas par toutes leurs questions ?

R. Non. Je préférerais bien qu'on me laissât seul ; mais je me mets à la place de ceux qui viennent me voir. Si je connaissais un enfant à qui la sainte Vierge aurait apparu , je serais bien content de le voir et de lui parler ; et voilà pourquoi je ne me lasse point de répondre aux questions qui me sont faites. J'aimerais bien mieux rester seul ; car je suis comme une bête curieuse ; chacun a les yeux sur moi : *C'est là Maximin !* *c'est ici Maximin !* dit-on. Aussi je serais content qu'on me mît de côté, dans un coin, comme un instrument de cuivre dont on s'est servi pour jouer. Personne ne s'occupe de lui ; mais on loue celui qui en a joué. Je suis comme cet instrument. Mon affaire est-elle faite ! qu'on me laisse tranquille.

D. Etes-vous content d'avoir donné votre secret au souverain Pontife ?

R. Oui , j'en suis content : maintenant , je n'ai plus de secret.

D. Comment avez-vous pu vous déterminer à le donner.

R. Je ne sais pas. Si je n'avais pas voulu le donner , c'eut été une preuve qu'il y avait quelque *diablerie* là-dessous.

D. Mais , Maximin , savez-vous que l'on dit que vous faites des prophéties ?

R. Moi, des prophéties ! Je ne suis ni prophète, ni fils de prophète. Voici ce qui a donné lieu aux bruits que l'on fait circuler :

Au petit-séminaire, on lisait devant moi des prophéties d'une dame que je ne connais pas, et mes condisciples me disaient : C'est ton secret, Maximin ? n'est-ce pas, c'est ton secret ? et moi, je disais : non, ce n'est pas mon secret. Et comme ils continuaient à me répéter : Nous avons ton secret ! c'est là ton secret ! j'ai fini par leur répondre, pour me débarrasser d'eux : allons ! puisque vous le voulez, je veux bien que ce soit mon secret ; laissez-moi tranquille ! Et plusieurs ont écrit à leurs parents que j'avais dit mon secret. Voilà tout.

D. A quel état vous sentez-vous appelé ?

R. Je n'en sais rien ; je serai ce que la sainte Vierge voudra. Je demande à Dieu de me faire connaître ma vocation et de me donner la force de la remplir ; c'est tout ce que je désire. Je suis indifférent sur tout le reste. Que je sois prêtre, chartreux, trappiste, soldat, berger, peu m'importe ; avant tout, je veux mon salut.

D. Mais n'avez-vous pas eu cependant quelquefois certains désirs ?

R. J'ai bien eu des pensées ; mais je ne m'y attachais pas : ce sont des idées qui se présentent à moi. C'est ainsi que j'ai désiré être prêtre ou soldat ; mais si j'étais prêtre, je voudrais aller de côté et d'autre prêcher pour convertir ; je voudrais aller trouver les personnes dans les champs et leur dire de se confesser, de se convertir. Et si j'étais soldat, je ne voudrais pas être en garnison, mais aller dans les camps, sur les champs de bataille. Là on se donne du mouvement, on va à droite et à gauche.

D. Si vous étiez prêtre, prêcheriez-vous le fait de la Salette ?

R. Oui, certainement : je voudrais le faire passer partout.

D. Qu'avez-vous pensé lorsque vous avez vu le souverain Pontife chassé de ses états ?

R. Je n'ai rien *dit*. D'ailleurs, je ne m'occupe pas de politique. Si je m'en occupais, on ne manquerait pas de faire toute espèce de conjectures.

D. Et cependant, si les méchants venaient à triompher, n'y aurait-il pas à craindre pour la religion ?

R. Eh bien ! il y aurait des martyrs !

Pendant ce long entretien, nous eûmes le loisir d'étudier Maximin, de l'observer avec soin, et de le tourner et retourner de toutes les façons ; et nous devons dire ici que nous avons reconnu dans sa naïveté, dans la sim-plicité, la précision et la facilité de ses réponses , le cachet de la vérité. Aussi avons-nous emporté de sa véracité une entière conviction , et surtout une admiration profonde pour les soins que nous semblait prendre la Mère de Dieu de lui mettre à la bouche des réponses que la science ne trouverait peut-être pas facilement avec toutes ses ressources. Lorsque Maximin parle de l'événement de la Salette , ce qu'il ne fait jamais à moins qu'on ne l'interroge , le respect pour ce qu'il en dit va si loin , que si on lui adresse quelques paroles qui lui paraissent indiscrètes , il coupe court aussitôt , tandis qu'il reste impassible , et ne laisse apercevoir rien qui annonce qu'il est content de lui , après avoir tranché les difficultés par des réponses qui étonnent l'interrogateur. Sa conversation , en dehors du fait de l'apparition , est celle d'un enfant de 12 à 13 ans , qui laisse percer bien vîte ce qu'il y a en lui de mobile , de léger, et je dirais presque de singulier ; mais si vous faites attention à ses impressions sur tout ce qui se rattache à l'événement , à ses craintes ou à ses espérances pour l'avenir, dès lors vous ne reconnaissez plus l'enfant , mais vous croyez voir l'homme grave et réfléchi. On l'écoute avec tant de plaisir, que l'on voudrait qu'il parlât toujours, qu'il donnât de nouveaux détails sur ce qu'il a éprouvé au moment de l'apparition, et sur ce qu'il éprouve encore ; mais on attend inutilement, il n'ajoute pas un mot à la réponse nécessaire.

Le lendemain, 23 septembre, nous partîmes de Grenoble, heureux des provisions que nous venions de faire, et que nous nous promîmes bien de ne pas garder pour nous seuls ; car nous aussi, nous voulions être un peu les apôtres de la Reine du ciel, et *faire passer* à la bonne Vendée, pour la gloire de notre bonne Mère, ce que nous avions vu et entendu. Quelques jours après, nous arrivions à Luçon, après quatorze jours d'absence.

On aura sans doute remarqué, en lisant le récit des enfants, que la sainte Vierge leur confia un secret aussitôt après qu'elle leur eut dit *que les raisins pourriront et que les noix deviendront mauvaises.* Voici comment ils s'aperçurent qu'ils avaient l'un et l'autre un secret à garder :

Lorsque la Mère de Dieu eut disparu, Mélanie dit à Maximin : *Il faut que cette Dame soit une grande Sainte. — Si nous avions su que c'était une grande Sainte,* répondit Maximin, *nous lui aurions dit de nous mener avec elle.* Puis il adressa à Mélanie la question suivante : *Lorsque la Dame nous a eu parlé des raisins et des noix, elle t'a regardée et t'a dit quelque chose. Je voyais bien remuer ses lèvres, mais je n'entendais rien : que te disait-elle ?* — *Il est vrai que la Dame m'a dit quelque chose, répondit Mélanie, mais je ne veux pas te le dire ; elle me l'a défendu.* — Maximin répartit aussitôt : *Oh ! que je suis content, Mélanie, va : elle m'a dit aussi quelque chose, mais je ne puis non plus te le dire.*

Par suite des attaques dirigées contre le fait de la Salette, la divine Providence qui sait tirer le bien du mal quand il lui plaît, fournit à Monseigneur de Grenoble l'occasion d'enjoindre aux jeunes bergers de faire parvenir leur secret à Notre Saint Père le Pape Pie IX. Au nom du Vicaire de Jésus-Christ, les bergers comprirent qu'ils devaient obéir, et ils se décidèrent à révéler un secret qu'ils avaient gardé jusqu'alors avec une constance invincible. Ils l'écrivirent eux-mêmes sépaa-ment ; ils plièrent ensuite et cachetèrent leur lettre en présence d'hommes respectables que Monseigneur avait désignés pour leur servir de témoins. Bientôt après, ce vénérable Prélat députa à Rome M. l'abbé Rousselot, l'un de ses vicaires généraux, et M. l'abbé Gérin, curé de la cathédrale, avec ordre de remettre eux-mêmes au Saint Père cette dépêche mystérieuse ; et le 18 juillet 1851, ces deux ecclésiastiques remettaient à sa Sainteté le précieux dépôt qui leur avait été confié.

Peu de temps après son retour à Grenoble, M. l'abbé Gérin voulut bien me donner sur son voyage les détails suivants :

« Grenoble, 4 septembre 1851.

» Monsieur,

» M. Rousselot et moi, nous étions aux pieds de sa Sainteté le 18 juillet dernier, remettant entre ses mains, de la part de Monseigneur de Grenoble, les deux secrets des jeunes bergers de la Salette.

» Le Saint Père, assis devant son bureau, s'est levé après nous avoir donné sa main à baiser. Allant dans l'embrasure de sa fenêtre, il oubliait presque qu'il était Pape et disait : *Suis-je obligé de garder ces secrets ?* — Très-Saint Père, lui ai-je dit, vous pouvez tout, vous avez la clef de toutes choses !

» Par quelques miettes seulement de ces secrets, qui sont arrivées jusqu'à nous, on croit que Maximin annonce la miséricorde ou la réhabilitation de toutes choses, et que Mélanie annonce de grands châtiments. Je savais que le secret de Maximin était le plus court. Le Saint Père l'a lu le premier. Il a fait l'éloge de la candeur et de la simplicité de la rédaction de cet enfant.

» A la lecture du second secret, de celui de Mélanie, la figure du Saint Père n'a pas été la même : ses lèvres se sont fortement comprimées, ses joues se sont considérablement bombées. Après cette lecture, le Saint Père nous a regardés et nous a dit :

» *Ce sont des fléaux dont la France est menacée. Elle n'est pas la seule coupable : l'Italie l'est bien aussi, l'Allemagne, l'Espagne, l'Europe. Ce n'est pas sans raison que l'Eglise est appelée militante; vous en voyez ici le Capitaine. J'ai moins à craindre de l'impiété déclarée que de l'indifférence et du respect humain..... Monsieur, a-t-il dit à M. Rousselot, j'ai fait examiner votre livre sur l'événement de la Salette par Monseigneur Fratini, promoteur de la Foi; il m'a dit que votre livre est bien, qu'il en est content, que ce livre respire la vérité.*

» Monseigneur Fratini, vu par M. Rousselot après cette indication, lui a dit : J'ai examiné vos deux livres par ordre de Sa Sainteté : mon rapport a été que *vos deux livres sont revêtus des caractères de la vérité.* — Monseigneur de Grenoble peut donc, a dit

M. Rousselot, faire bâtir une chapelle sur la montagne de l'apparition, et publier un mandement sur l'apparition ? — *Affirmativè quoad utrumque (Affirmativement quant à l'un et à l'autre)*, a dit Monseigneur Fratini. Vous direz à Monseigneur de Grenoble de faire bâtir une chapelle sur de vastes et belles proportions, et d'y faire mettre autant d'*ex-voto* qu'il y a de miracles relatés dans vos livres, et qu'il y en aura qui se feront encore. — Je voudrais que le souverain Pontife prescrivît des enquêtes juridiques aux évêques dans les diocèses desquels il y a eu des miracles, a dit M. Rousselot. — Monseigneur Fratini a répondu : Il n'est pas nécessaire que ces miracles soient prouvés juridiquement. La sainte Vierge n'a pas besoin d'être canonisée ; ce dont elle a besoin, c'est de voir s'étendre largement la propagation de son culte.

» Le cardinal Lambruschini a dit à M. Rousselot que le Saint Père lui avait communiqué les secrets, et qu'il avait prêché lui-même avec fruit, dans son diocèse, le fait de la Salette.

» M. Rousselot, revenu de Rome, un mois après moi, a apporté, de la part du Saint Père, un corps saint de nom propre, et un magnifique chapelet monté en or pour

Monseigneur de Grenoble, avec l'autorisation de *faire tout ce qu'il voudra sur la Salette.*

» J'ai l'honneur d'être, etc.

» GÉRIN, *curé de la cathédrale.* »

Le secret manifesté au souverain Pontife devait être la vie ou la mort du fait de la Salette. Si le secret eût été nul, ou puéril, ou indigne de la Reine du ciel, ce fait tombait nécessairement à Rome pour ne plus se relever. Le contraire est arrivé : ne disent-elles rien, en effet, ces paroles de Pie IX aux envoyés de Grenoble : *Ce sont des fléaux dont la France est menacée,* etc. ? Et cette impression si vive qui a paru sur le visage de ce saint Pontife, ne dit-elle rien non plus ? Ne dit-elle rien cette lamentable Encyclique que ce chef auguste de l'Eglise adressait, quelques mois après, à tous les évêques du monde chrétien, et par laquelle il appelait tous les peuples au pied des autels, afin de détourner, par d'unanimes supplications, les fléaux suspendus sur nos têtes coupables ? Il semble, en la lisant, qu'elle a été écrite sous les yeux et comme sous la dictée de Marie, ou plutôt, on croit entendre les plaintes mêmes que cette Mère affligée adressait aux bergers sur la sainte montagne.

Elles étaient déjà bien concluantes en faveur de ce grand événement et du secret des enfants, ces pages qui exprimaient si clairement les craintes et les alarmes du Vicaire de Jésus-Christ ; mais voilà que, depuis, sa Sainteté a daigné enrichir de précieuses indulgences le pélerinage de Notre-Dame de la Salette, permettre la construction d'une église sur le lieu même de l'apparition, ériger en archiconfrérie la confrérie de Notre-Dame-Réparatrice de la Salette, et, par un indult en date du 2 décembre 1852, autoriser Monseigneur de Grenoble à faire célébrer tous les ans, dans toutes les églises de son diocèse, le 19 septembre ou le dimanche suivant, la mémoire de l'apparition de la sainte Vierge sur la montagne, par une messe solennelle et le chant des vêpres.

Pour qui connaît et respecte la sagesse et l'usage de Rome, n'est-ce pas le cas de s'écrier, dirons-nous avec M. l'abbé Rousselot : ROMA LOCUTA EST ; ROME A PARLÉ.

C'est par ces faveurs que le chef de l'Eglise venait confirmer le jugement doctrinal que le vénérable évêque de Grenoble, usant de son droit, prononçait en ces termes dans son mandement du 19 septembre 1851, sur l'apparition de la sainte Vierge aux bergers de la Salette :

« Nous jugeons que l'apparition de la sainte Vierge à deux bergers, le 19 septembre 1846, sur une montagne de la chaîne des Alpes, située dans la paroisse de la Salette, de l'archiprêtré de Corps, porte en elle-même tous les caractères de la vérité, et que tous les fidèles sont fondés à la croire indubitable et certaine...

» C'est pourquoi, pour témoigner à Dieu et à la glorieuse Vierge Marie notre vive reconnaissance, nous autorisons le culte de Notre-Dame de la Salette. Nous permettons de le prêcher et de tirer les conséquences pratiques qui ressortent de ce grand événement.... »

Monseigneur de Grenoble, qui, dans la manière dont il avait conduit la grande affaire de la Salette, n'avait à redouter ni le jugement de Rome, ni celui de ses vénérables collègues, crut devoir adresser son mandement aux évêques de France et à d'éminents personnages de Rome. Bientôt après. le pieux Prélat eut la consolation de recevoir un grand nombre d'adhésions publiques et particulières à son jugement doctrinal, par lequel l'opinion générale, qui l'avait précédé, recevait la sanction qui lui manquait pour devenir une certitude pleine et entière.

Les pieux et savants évêques de la

Rochelle et de Luçon ne furent pas les derniers à féliciter leur vénérable collègue. Dès le 16 novembre suivant, le premier de ces Prélats écrivait en ces termes à Mgr de Grenoble :

« Monseigneur,

» Je ne puis résister au besoin que je ressens de vous exprimer avec quel bonheur j'ai lu votre lettre pastorale sur l'événement de la Salette. C'est un chef-d'œuvre de prudence, de sagesse, et en même temps d'autorité épiscopale. On y découvre aussi votre tendre piété envers notre *Immaculée Mère*. Une telle pièce suffirait seule pour immortaliser votre mémoire, quand elle ne serait pas déjà couronnée de toutes les qualités qui font les grands Prélats. Jouissez, Monseigneur, des consolations que donne à l'âme l'accomplissement d'une grande détermination prise avec une maturité qui annonce le souffle de l'Esprit-Saint. Je demande à Dieu du fond de mon cœur qu'il vous en récompense au centuple et dans cette vie mortelle et dans l'éternité bienheureuse. Je souscris pour....... à l'érection du sanctuaire de la Salette.

» Veuillez agréer, etc.

» † CLÉMENT, *évêque de la Rochelle.* »

Monseigneur de Luçon, par sa lettre du 21 novembre à Monseigneur de Grenoble, exprime à ce prélat avec quel bonheur il a reçu son Mandement sur l'apparition de la Reine des cieux aux jeunes bergers ; mais ce n'était pas assez pour lui d'applaudir au zèle et à la sagesse de ce saint Évêque : il a fallu, pour que sa tendre piété envers Marie fût satisfaite, qu'il élevât sa voix forte et puissante en faveur du culte de Notre-Dame de la Salette. Il sera agréable à nos lecteurs, nous n'en doutons pas, de trouver ici la belle lettre pastorale de ce pieux Prélat, au clergé et aux fidèles de son diocèse, au sujet du nouveau Sanctuaire qui se construit sur la sainte montagne (1).

JACQUES-MARIE-JOSEPH, par la grâce de Dieu et du Saint-Siége Apostolique, Évêque de la sainte Église de Luçon,

AU CLERGÉ ET AUX FIDÈLES DE NOTRE DIOCÈSE, Salut et Bénédiction en Notre-Seigneur Jésus-Christ.

. . . .

. . . .

L'auguste Mère du divin Sauveur fait sentir

______

(1) Cette Lettre pastorale a été reproduite par plusieurs journaux de France et de l'étranger. Une seconde édition en a été faite, à la demande de Msr l'Évêque de Grenoble, pour le clergé de son diocèse.

sa puissance à tous ceux qui l'invoquent. Une médaille, qui n'est plus connue que par la qualification de miraculeuse, a rempli le monde de prodiges; tantôt c'est une conversion subite, instantanée, qui rappelle celle de l'Apôtre des Gentils (1); tantôt les yeux d'une image vénérée de la Mère de Dieu se meuvent, et il est donné aux villes et aux provinces de contempler ce prodige pendant des mois entiers, et de rentrer dans les voies du salut. Ici, c'est sur le sommet d'une montagne élevée que Marie daigne apparaître à deux pauvres petits bergers, pour leur révéler les secrets du ciel.

Mais quels seront donc les témoins qui attesteront la vérité de la relation de ces petits pâtres des Alpes? Pas d'autres qu'eux-mêmes, et ils sont crus. Ils déclarent ce qu'ils ont vu, ils répètent ce qu'ils ont entendu, ils taisent ce qu'ils ont reçu l'ordre de tenir secret.

Quelques paroles de cette incomparable Mère de Dieu ont transformé ces enfants en des hommes tout nouveaux. Incapables de rien concerter entre eux, de rien imaginer de semblable, chacun est le témoin de la céleste vision à laquelle il n'est pas incrédule;

(1) M. de Ratisbonne.

il en est l'historien. Il ne s'inquiète pas du rapport qui sera fait par son compagnon, il ne cherche pas à modifier sa narration pour être parfaitement d'accord avec lui. Quoi qu'on puisse reprocher à ces enfants sur certaines prétendues contradictions, quoi qu'on puisse leur objecter, chacun d'eux persiste à déposer ce qu'il a vu, ce qu'il a ouï. Ces deux bergers si grossiers ont entendu une seule fois la leçon de leur sainte maîtresse, et cette leçon s'est gravée instantanément et pour toujours dans leur esprit en caractères ineffaçables; ils n'y ajoutent rien, ils n'en retranchent rien, ils n'y modifient rien, ils donnent l'oracle du ciel tel qu'ils l'ont reçu. Que l'impatiente curiosité de l'esprit, que les défiances du cœur, qu'un secret sentiment d'incrédulité trouvent à redire à leur déposition, peu leur importe; ils n'ont pas reçu la charge d'expliquer cet événement inexplicable; ils ont reçu la mission de le répandre; ils soutiennent qu'ils ont entendu, qu'ils ont vu, et le monde entier accueille leur témoignage.

Une constance admirable leur fait garder le secret, une sagesse singulière leur fait discerner tous les piéges qu'on leur tend, une rare prudence leur suggère mille réponses dont pas une seule ne trahit ce secret;

et quand il faut l'envoyer au Père commun des fidèles , ils l'écrivent couramment , comme s'ils le lisaient dans un livre placé sous leurs yeux.

Leur récit attire sur cette montagne bénie des milliers de pélerins. Ils ont publié que, le samedi 19 septembre 1846 , Marie s'est manifestée à eux , et l'anniversaire de ce beau jour est à jamais cher à la piété chrétienne. Chaque pélerin qui accourt sur la sainte montagne ne dépose-t-il pas en faveur de la véracité des jeunes bergers ?

Marie s'arrête près d'une fontaine , elle lui communique une vertu céleste , une efficace divine. D'intermittente, cette source aujourd'hui si célèbre devient continue. On raconte en tous lieux les prodiges qu'elle opère. Lorsque les maux sont désespérés , les infirmités sans remède , on recourt de tous côté à l'eau de la Salette , et partout l'on rapporte les guérisons opérées par ce remède, qui a fait sentir sa puissance contre toutes sortes de maux. Notre diocèse , si dévot à Marie , n'a pas été étranger aux bontés de cette tendre Mère.

Nous allons célébrer dans quelques mois le sixième anniversaire de cette apparition miraculeuse. Elle était racontée, louée, bénie dans le monde entier depuis cinq ans , lorsque le vénérable évêque dont le diocèse a été honoré de ce miracle a commencé à élever la voix pour en attester l'incontestable certitude.

Combien de fois, N. T. C. F., du haut de la chaire de vérité, dans nos visites pastorales et en d'autres rencontres, n'avons-nous pas entretenu votre piété de ce prodige, sur la réalité duquel le doute ne nous était pas possible.

Aujourd'hui qu'un sanctuaire va s'élever, sur cette montagne bénie, à la gloire de Dieu et sous le vocable de sa très-sainte Mère, nous avons cru qu'il était du devoir de notre charge pastorale de vous en informer. Nous ne pouvons pas douter qu'un grand nombre d'entre vous n'ait été exaucé par Notre-Dame de la Salette ; vous voudrez témoigner votre reconnaissance à cette Mère de miséricorde, vous voudrez fournir votre pierre pour le bel édifice qui se construit ; nous voulons procurer à votre filiale tendresse un moyen facile de transmettre l'aumône de la foi et de la piété.

A ces causes, etc.

† JAC.-MAR.-JOS., évêque de Luçon.

A tous ces témoignages déjà si concluants, viennent se joindre une infinité de faits extraordinaires dûs à l'invocation de Notre-

Dame de la Salette et à l'usage de l'eau de la fontaine miraculeuse. Nous en citerons ici quelques-uns pour l'édification des âmes chrétiennes.

1° Guérison de Mlle Marie Lauzur, sur la montagne de la Salette.

Lettre de M. Sibillat, missionnaire de Notre-Dame de la Salette, à Mgr l'Evêque de Grenoble.

« Monseigneur,

» Le 1er juillet 1852, la sainte Vierge a manifesté sa puissance, sur la sainte montagne de la Salette, par un prodige opéré en faveur de Mlle Lauzur, de Saint-Céré, département du Lot, actuellement pensionnaire au couvent de la Visitation de Valence.

» Cette jeune personne, âgée de 18 ans, était atteinte depuis trois mois de cécité complète qui lui occasionnait des douleurs aiguës. Après avoir employé toutes les ressources de l'art et épuisé tous les soins du médecin de la maison, Mlle Lauzur a fait une neuvaine à Notre-Dame de la Salette ; puis, conduite par deux sœurs du couvent, elle s'est dirigée pleine de confiance vers la sainte montagne. Arrivée dans la modeste chapelle, elle était épuisée de fatigue et en proie à un horrible mal d'yeux. Cependant, en entrant dans le sanctuaire, elle a éprouvé un sentiment de joie, de délices indéfinissables. Elle me prie de lui donner la sainte communion avant la messe. A peine a-t-elle reçu la sainte hostie qu'elle tombe dans une espèce d'extase. Quelques minutes après, elle revient à elle-même en s'écriant : *Je vois, je vois ! ô ma Mère, je vous vois !* A l'instant même, les soixante personnes réunies dans la chapelle, et témoins de cette faveur extraordinaire, ont éclaté en sanglots. Toutes m'ont offert leur signature pour attester ce prodige.

» Daignez agréer, etc.

» Signé SIBILLAT, missionnaire de
N.-D. de la Salette. »

Récit de Mlle Marie Lauzur.

« Depuis le moment où j'ai été privée de la vue, j'ai senti chaque jour plus de dévotion à la très-sainte Vierge ; d'elle seule j'attendais cette grâce précieuse qui devait me rendre la vie en me rendant la lumière, et sans cesse une voix intérieure me répétait au fond du cœur que je devais attendre cette faveur spéciale de la Mère de Dieu. Je priais donc avec confiance, bien persuadée que je serais exaucée ; mais il me semblait que ce serait seulement sur la montagne de la Salette.

» Je partis donc de Valence le 26 juin , conduite par une sœur tourière ; une seconde nous fut adjointe au monastère de la Visitation de Saint-Marcellin. Je fis les trois quarts de la route à pied ; nous arrivâmes à Corps mercredi soir. Nous ne devions, le lendemain , partir que sur les neuf heures ; mais je fis des instances réitérées, et le dé-part fut avancé. A peine eûmes-nous fait quelques pas , que je fus saisie d'un mal aux yeux très-violent. Loin de me décourager , je sentis au contraire s'accroître la persuasion où j'étais que je serais guérie ; les vives douleurs que je ressentais semblaient même en être pour moi l'heureux présage. Remplie d'espérance , j'avançais donc avec un courage nouveau. Je gravis la montagne jusqu'au village de la Salette ; en ce moment, le ciel se couvrit de nuages et la pluie devint en peu de temps très-forte ; le vent du nord soufflait avec violence , le terrain était glissant , mes souffrances augmentaient les difficultés du chemin qui devenait de plus en plus rude à parcourir ; enfin, tout rendait notre voyage fort pénible. Il fut même un instant où il me semblait que nous ne pouvions aller plus loin , mais Notre-Dame de la Salette vint à notre secours. Nous nous adressions à cette bonne Mère avec tant d'ardeur et de confiance ! pouvait-elle nous délaisser ? Oh ! non. Aidées par elle, nous redoublâmes le pas ; il me tardait d'arriver au terme de mon pélérinage, de me jeter aux pieds de Marie. Mon désir devint si véhément que, devançant pour ainsi dire mes conductrices, je marchais plus vîte qu'elles, et souvent elles auraient eu de la peine à m'atteindre si je n'eusse pas été forcée de mesurer ma marche sur la leur. Au moment où nous arrivions, je fus saisie d'une douleur plus vive encore qus celles que j'avais éprouvées jusqu'alors ; elle était même si violente que je me sentais presque instinctivement attirée vers la bénite chapelle, dans laquelle je me persuadais que je trouverais la cessation de toutes mes peines.

» Nous parvînmes enfin au but tant désiré, mouillées par la transpiration et la pluie ; nous entrâmes ainsi dans le lieu où la très-sainte Vierge est vénérée d'un culte si particulier. Là, oubliant toutes nos fatigues, éprouvant subitement un bien-être que je ne puis exprimer, je ne pus m'empêcher de dire à l'une des sœurs placées à côté de moi : Que l'on est bien ici ! Je ne souffrais plus, j'étais heureuse, mais entièrement heureuse.

» M. Sibillat, missionnaire de N.-D. de la Salette, voulut bien nous donner la sainte communion un petit quart-d'heure après notre entrée dans la chapelle.

» J'avais à peine reçu la sainte hostie que je sentis sur mes yeux comme une fraîcheur salutaire ; j'étais guérie, je n'étais plus aveugle, et la sainte Vierge venait de me faire sentir les effets de sa puissance en me rendant la vue et en ôtant de dessus mes yeux le poids qui les oppressait depuis long-temps. Je distinguais alors très-bien la statue de Notre-Dame devant laquelle j'étais placée : l'émotion, la joie, la reconnaissance, tous les sentiments qui partageaient mon cœur en ce moment si délicieux me privèrent de la parole.

» J'ai vainement cherché à me rappeler ce qui s'était passé dans les instants qui suivirent celui où j'eus le bonheur d'être guérie. Tout ce que je puis assurer, c'est que pendant ce temps, la messe s'est dite tout entière, et que lorsqu'elle fut finie, il fallut, pour me faire sortir de la chapelle, que M. Sibillat joignît ses instances à celles de la sœur Marie-Justine, l'une de mes conductrices.

» Depuis cet heureux jour, je lis, j'écris, je travaille sans en éprouver la moindre fatigue. Toute la gloire en soit à Marie, ma bonne Mère !

» Signé Marie Lauzur, enfant de
N.-D. de la Salette. »

2ª Guérison rapportée par M. Keisser, curé de Saint-Laurent de Grenoble.

« Je dois à la sainte Vierge de publier une grâce précieuse qu'elle vient d'accorder à un de mes paroissiens qui l'a invoquée sous le titre de Notre-Dame de la Salette :

» M. B.... contracta, il y a environ dix ans, une maladie bien douloureuse. Il opposa, dès le principe, toutes les ressources de l'art aux progrès du mal ; les médecins de Grenoble et de Montpellier furent consultés ; leurs efforts n'amenèrent aucun résultat favorable. Les derniers remèdes qu'essaya mon paroissien furent les bains de mer ; il n'en ressentit aucun soulagement. Cependant six mois après son retour de Marseille où il était allé prendre ces bains, il éprouva une amélioration à son état ; les douleurs cessèrent peu à peu ; il crut à sa guérison ; mais au commencement de 1852, la maladie reparut avec des caractères plus alarmants ; de nouvelles douleurs se firent sentir plus aiguës que les premières. Le malade recourut de nouveau aux médecins ; mais il reconnut bientôt que leurs remèdes étaient encore plus impuissants que la première fois. Au mois d'avril, il perdit presque entièrement l'usage de ses jambes, et au mois de juin, des plaies nombreuses s'ouvrirent sur plusieurs parties de son corps ; on en comptait plus de trente, tant à la tête qu'à la jambe gauche. Aux douleurs causées par ces plaies se joignirent d'autres douleurs intérieures qui le réduisirent peu à peu à un état désespéré. Depuis le mois de juillet surtout, c'était la plus triste position qu'on puisse concevoir ; les plaies s'envenimaient chaque jour davantage ; le pansement en était devenu si difficile et si douloureux, que le malade était obligé d'interrompre plusieurs fois cette opération pour prendre un peu de repos et prévenir une défaillance ; un pli du linge qui enveloppait les plaies de la jambe lui causait une douleur intolérable ; la tête était devenue si sensible, que la seule action de lui mettre un bonnet le faisait presque évanouir ; le nez qui, depuis plusieurs mois, était obstrué au point de ne pas laisser le moindre passage à la respiration, avait pris, ces derniers temps, des proportions démesurées ; tout faisait craindre pour les jours du malade.

» Le mal alla toujours empirant jusqu'au samedi 11 décembre ; ce jour-là, les douleurs de la tête devinrent plus aiguës et semblèrent menacer la vue. Le médecin qui le soignait déclara que son état était trèsalarmant, et qu'on ne pouvait prévoir quel serait le dénouement à tant de maux. Le lendemain, dimanche, les mêmes douleurs continuaient ; le malade était à bout de force et de patience. Une personne pieuse vient le voir ce jour-là, et lui propose de faire usage de l'eau de la Salette ; il accepte avec tout le bonheur que peut donner l'espérance en pareille situation ; il comprend qu'après tant de remèdes employés inutilement, si ses maux devaient finir, ils ne cèderont qu'à la puissance de Dieu. Le soir même de ce jour, il cherche à aspirer de cette eau de la Salette, et se propose d'en mettre le lendemain sur les plaies de la tête et de la jambe. Le moment venu, il se met au lit, et malgré l'espérance qu'il a de voir ses maux finir plus tard, il s'attend encore à une de ces nuits douloureuses qui, depuis si longtemps, sont pour lui sans sommeil ; cependant il est moins tourmenté que les nuits précédentes ; il lui semble même un instant que son nez se dégage, et qu'il commence à respirer ; il appelle sa femme qui accourt : *Ma femme, je respire ! je respire !* C'est tout ce qu'il peut dire. Cette amélioration à son état était réelle, et quoique la respiration ne fut pas encore sans difficulté, un mieux sensible s'était cependant déclaré. Le lendemain, le

malade imbiba des linges de l'eau de la Salette et les posa sur les plaies, opération
qu'il renouvela plusieurs jours de suite. Le
remède eut un plein succès. Le jeudi 16,
quatrième jour de la neuvaine qui se faisait
pour lui, les douleurs avaient entièrement
cessé et les plaies avaient disparu, sans former aucune cicatrice, ne laissant d'autres
marques que celles d'une chair renouvelée.

» Le malade n'avait pas encore recouvré
l'usage de ses jambes ; cependant il était
parvenu, le mercredi et le jeudi, à faire
quelques pas dans sa chambre. Il continua
les jours suivants à faire usage de l'eau de la
Salette, comptant toujours sur la protection
miraculeuse de Marie, Sa confiance ne fut pas
trompée. Le vendredi 17, Mme B.... est
obligée de s'absenter. En rentrant chez elle,
le samedi soir, elle voit son mari qui se promène à grands pas dans son appartement.
*Je marche, ma femme, s'écrie aussitôt celui-
ci ; j'ai fait aujourd'hui plusieurs kilomètres
dans ma chambre ; oui, je marche,* répète-t-il
en pleurant de joie et en embrassant sa
femme qui mêle ses larmes à celles de son
mari. Dès ce moment la guérison fut par-
faite : la sainte Vierge avait achevé son
œuvre, le malade avait recouvré les forces,
la santé, le bonheur. Huit jours après ,

M. B...., fidèle à une promesse qu'il avait faite à Dieu, était à la table sainte, en compagnie de sa femme, tous deux remerciant Dieu de la faveur obtenue par l'entremise de la sainte Vierge. »

3° Guérison d'une jeune orpheline de Grenoble.

Rosalie Machon, âgée de seize ans, était atteinte depuis deux ans d'une *aphonie* contre laquelle tous les soins et tous les remèdes avaient été inutiles ; les eaux même d'Uriale, où elle fut envoyée l'été dernier, n'avaient produit aucun effet. M. le président de Noaille, protecteur des orphelines de Grenoble, ainsi que les directrices de cette maison, étaient vivement préoccupés de l'avenir de cette jeune personne qu'ils voyaient en proie à une affection dont, au jugement même des médecins, elle ne guérirait pas. Ses compagnes qui, aussi elles, s'intéressaient à sa triste position, l'engagèrent à recourir à Notre-Dame de la Salette, et lui promirent de prier avec elle. L'orpheline accepta avec joie cette proposition, et il fut réglé que l'on ferait une neuvaine qui commencerait le 11 septembre pour finir le 19, jour anniversaire de l'apparition de la sainte Vierge sur la montagne de la Salette. Pendant les huit premiers jous, la malade n'éprouva aucun soulagement. Le 19, pendant la messe qui se célébrait pour elle dans la chapelle de l'établissement, ses jeunes amies entonnèrent un cantique en l'honneur de la Vierge de la Salette, mais la pauvre enfant essaya vainement de mêler sa voix à celle de ses compagnes; aussi se disait-elle tout bas : *Oh ! non, la sainte Vierge ne me guérira pas !* Tout-à-coup, elle se rappelle qu'elle n'a pas encore fait sa prière du dernier jour de la neuvaine. Elle se recueille aussitôt, se met de nouveau sous la protection de Marie et lui adresse ses dernières supplications. C'est là que l'attendait cette Mère compatissante. A peine Rosalie Machon a-t-elle fini sa prière, qu'elle sent qu'elle est exaucée. Dès l'instant même, elle unit, mais en versant des larmes d'attendrissement et de reconnaissance, sa voix à celle de ses jeunes amies. Après la messe, elle est entourée de ses maîtresses et de ses compagnes; des transports éclatent de toutes parts. On accourt du dehors, chacun veut voir la protégée de la Reine du ciel ; on la fait parler et chanter ; on veut entendre de sa propre bouche le récit de sa maladie et de sa guérison.

En passant à Grenoble, deux jours après ce nouveau prodige dû à l'invocation de

Notre-Dame de la Salette, nous vîmes la jeune orpheline qui voulut bien nous raconter, en présence de ses maîtresses, la faveur insigne qu'elle venait d'obtenir de cette Mère toujours si bonne pour ses enfants. Nous la fîmes chanter, et nous pouvons attester que sa voix entièrement libre se développait avec la plus grande facilité.

4° Guérison de Marie-Flore Delaby, de la ville d'Arras.

Marie-Flore Delaby était consumée depuis sept à huit ans par une maladie de poitrine que les médecins avaient traitée sans succès. Pendant les cinq dernières années, la malade garda presque constamment le lit, et y contracta des plaies qui ajoutèrent beaucoup à ses souffrances. Ses forces diminuant peu à peu, le moment vint enfin où il fallut songer à lui faire recevoir les derniers sacrements. Elle s'y prépara avec la plus sainte résignation, et les reçut avec les sentiments d'une âme vraiment chrétienne. Peu après elle dit à sa mère, en lui montrant une image de Notre-Dame de la Salette : ma mère, lorsque j'aurai rendu le dernier soupir, déposez sur mon cœur cette image de Marie ; c'est le seul objet que je possède, je veux l'emporter avec moi dans la tombe ; puis elle entra

en agonie. Pendant vingt-quatre heures, elle
eut les yeux et la bouche constamment
fermés, et à chaque instant on croyait qu'elle
allait expirer. Tout était préparé pour l'en-
sevelir, et une messe pour le repos de son
âme avait été demandée pour le lendemain.
Enfin le moment arrive où l'on croit pouvoir
dire : *Elle est morte!* Sa mère alors fidèle à
la promesse qu'elle lui avait faite, place sur
le cœur de sa fille l'image de Notre-Dame de
la Salette. A l'instant même, la mourante
ouvre les yeux et laisse échapper ces paroles : *O Marie! je me mets entièrement à
votre disposition; si vous me guérissez, j'irai
me consacrer sur votre montagne au service
des pèlerins.* Puis elle retombe dans son état
léthargique. Deux heures après, elle se lève
sur son séant, et s'écrie : *Marie, ma Mère!
je vous rends grâces, vous m'avez guérie!*
Elle demande aussitôt ses vêtements qu'on
eut de la peine à trouver, et ses souliers qui
étaient tout moisis, tant il y avait longtemps
qu'elle gardait le lit. Elle se lève au moment
même parfaitement guérie de sa maladie et
de ses plaies, et se rend à l'église où elle assiste à la messe que l'on avait demandée la
veille pour le repos de son âme. Quelques
jours après, elle partait pour la Salette, où,
depuis, elle sert les pèlerins avec une mo-

destie angélique et un courage au-dessus de ses forces.

5° Guérison de Joséphine Guérin, de la paroisse des Châtelliers, diocèse de Luçon.

Nous donnons ici le récit de cette guérison, tel que le fit cette enfant, en présence de plusieurs prêtres chargés par Monseigneur de Luçon de l'interroger.

« Je ne sais point de quelle maladie j'ai été guérie ; aucun médecin ne m'en a dit le nom. J'avais un bras et une jambe dont je ne pouvais m'aider. C'était le bras droit et la jambe droite. Tout le côté, je l'avais attaqué. Mon bras était contourné, et j'avais dans le dos une bosse grosse comme le poing. Le bras gauche et la jambe gauche étaient libres ; je souffrais beaucoup dans le dos. On m'a dit que cette bosse était dure et de couleur blanche comme le reste de ma peau. J'avais de la peine à remuer les doigts de la main infirme, et quand j'étais fatiguée, ce qui était presque continuel, je ne pouvais pas porter cette main à ma bouche. Pour mon pied, les *radoubeurs* disaient quelquefois qu'il était démanché, et ils ne voulaient pas essayer à le *remancher* de crainte de m'estropier davantage. Je ne pouvais pas m'appuyer sur ce pied ; je le traînais après moi quand même j'étais appuyée sur mes *abourdes* (béquilles). Le talon de mon pied droit était aux trois quarts tourné en avant. Ce dérangement se connaissait jusqu'à la hanche; ma jambe était enflée depuis la hanche jusqu'au pied qui l'était *le plus*.

» J'avais onze ans quand ma maladie a commencé. J'étais à la porte de la maison où j'étais servante, en la paroisse de Treize-Vents. Ayant un enfant à mon cou, je suis tombée, et je n'ai pu me relever toute seule, et depuis, je n'ai pas pu m'appuyer sur ma jambe, ce qui m'a obligée de quitter mon service, et de retourner chez ma mère à Châteaumur, paroisse des Châtelliers.

» Les *radoubeurs* ont dit qu'il fallait faire bouillir des herbes fortes avec des cailloux rougis au feu pour faire fumer ma jambe et mon bras. Les vrais médecins qui m'ont vue n'ont point fait de remède, excepté M. N... qui m'a donné un onguent dont on ne s'est servi que deux ou trois fois sur la jambe, parcequ'il la faisait *pouler* (tuméfier). Les remèdes des *radoubeurs* ne m'ont fait aucun bien. Quand ils voulaient tourner ma jambe pour la mettre comme l'autre, ça me faisait grand mal ; je souffrais beaucoup moins quand on la laissait se retourner d'elle-même dans la position malade.

» C'est l'eau de la Salette, que m'a donnée M. le curé des Châtelliers, qui m'a guérie. J'en avais pris quelques gouttes en commençant une neuvaine à la sainte Vierge. Pendant cette neuvaine, je disais tous les jours neuf fois *Notre Père* et *Je vous salue Marie*, et une fois le *Souvenez-vous*.

» Plus ma neuvaine avançait et plus je me trouvais grand mal, et pourtant je n'en avais que plus de confiance. C'est le vendredi, 8 décembre 1849, que j'ai commencé ma neuvaine. Toute la nuit du mardi au mercredi suivant, pendant ma neuvaine, j'ai encore souffert plus que de coutume. Ce même mercredi, vers quatre heures du matin, je me suis trouvée guérie en finissant mon chapelet. Il me semblait voir dans ce moment même la sainte Vierge et l'entendre me dire que j'allais guérir. J'ai entendu et senti dans ma jambe un craquement accompagné d'une douleur plus grande dans tout mon côté malade, et, tout de suite après, je n'ai plus éprouvé aucun mal, et mon pied malade est retourné comme l'autre. Mon bras aussi était guéri, et je ne sentais plus ma bosse qui avait disparu.

» J'ai dit aussitôt à ma mère que j'étais guérie, et elle qui n'était pas encore levée m'a dit que je n'étais pas guérie, et qu'il me

fallait rester au lit. Quand ma mère s'est levée, sur les cinq heures, je suis descendue
seule de mon lit, et j'ai couru par la *place*
(chambre) après avoir pris, sans que personne m'ait aidée, tous mes vêtements, ce
que je n'avais pas pu faire depuis longtemps,

» Après ma prière et mon déjeûner, je
suis partie pour les Châtelliers avec ma
mère, et j'y suis arrivée après la messe qui
avait été dite à six heures. La distance de
Châteaumur aux Châtelliers est à pou près
d'une demi lieue, et j'ai passé par les
champs qui est le chemin le plus court, mais
qui monte le *mieux* pour arriver à l'église.
J'ai vn et rencontré sur mon chemin la
femme *Martin*, la femme *Loubé* et la femme
Guérin, tailleuse. La *Loubé*, qui était dans
sa maison, me voyant passer, est venue à
sa porte pour me voir, mais j'étais trop
avancée pour qu'elle ait pu me parler. La
Guérin, qui était aussi dans sa maison, m'a
appelée et m'a dit : *Ah! ma pauvre petite,
je croyais bien que tu ne guérirais jamais!*
La femme *Martin*, qui revenait de la messe
et arrivait à Châteaumur, me dit en pleurant :
*Ah! ma pauvre Joséphine, comment! te voilà
guérie! je croyais bien que tu ne guérirais
pas! Ma bonne petite, tu dois bien aimer la
sainte Vierge!*

» Arrivée à l'église où il y avait encore quelques personnes qui voulaient se confesser, je me suis rendue au confessionnal et me suis confessée en action de grâces; je n'avais pas fait ma première communion. De là, j'ai été prier la sainte Vierge devant sa colonne, sur la montagne, pour remercier cette bonne Mère de m'avoir guérie. »

6° Guérison d'Augustin Libaud, de la paroisse de Treize-Septiers, diocèse de Luçon.

Augustin Libaud, âgé de trois ans, fils de René Libaud, marchand, et de Jeanne Bousseau, avait perdu, à la suite d'une maladie, l'usage de ses deux jambes. Lorsqu'on voulait le faire marcher, il tombait et jetait de hauts cris que la douleur lui arrachait. Sa mère le porta, dans les derniers jours du mois de mai dernier, au petit Monument que M. le curé de Treize-Septiers avait érigé, l'année précédente, à la gloire de Notre-Dame de la Salette. Ce fut en vain, en y arrivant, qu'elle essaya de lui faire faire quelques pas. Cette mère désolée se jette alors aux pieds de Marie, tenant son fils entre ses bras, et adresse sa prière à cette auguste Reine du ciel. Mais, ô prodige! à peine a-t-elle récité cinq *Pater* et cinq *Ave* et un *Souvenez-vous*, que son enfant s'arrache de ses bras et se

met à courir autour d'elle. Après avoir re-
mercié sa bienfaitrice qui venait de se mon-
trer si bonne, si compatissante, elle retourne
chez elle conduisant par la main le petit pro-
tégé de Marie, qui, depuis, continue à marcher avec facilité et sans éprouver la plus
légère douleur.

Nous pourrions raconter ici d'autres faits
non moins surprenants, non moins inexpli-
cables par les lois de la nature. Le diocèse
de Luçon, seul, nous en fournirait un grand
nombre; car Marie a voulu signaler aussi sa
puissance et sa bonté au milieu de nous;
mais nous n'avons pas oublié que nous ne
nous sommes proposé d'écrire que quelques
pages. Toutefois, il nous a semblé qu'il manquerait quelque chose à ce modeste travail,
si nous n'appelions, en finissant, l'attention
du pieux lecteur sur les principales circons-
tances de l'apparition.

La Vierge de la Salette se montre aux
jeunes bergers un samedi, vers les trois
heures du soir, la veille de la fête de Notre-
Dame des Sept Douleurs; elle porte sur sa
poitrine l'image de son divin Fils attaché à la
croix et environné des instruments de sa
Passion. Pouvait-elle choisir, pour remplir
sa miséricordieuse mission, un jour plus

significatif, plus propre à exciter dans nos cœurs des sentiments d'une véritable componction? Ne semble-t-il-pas qu'elle ait voulu faire de la montagne de la Salette un nouveau Calvaire, afin de nous rappeler ce que nous avons coûté à son cœur de Mère et à celui de son adorable Fils, et de nous dire que les ignominies et les souffrances de Jésus-Christ dans sa Passion lui ont acquis le droit dé régner sur nous, et que nous sommes tenus d'obéir à ses lois?

La Vierge de la Salette, pendant tout le temps qu'elle parle aux bergers, verse des larmes et paraît accablée sous le poids de la plus profonde douleur ; elle pleure, elle gémit sur les crimes de la terre. *Si mon peuple,* leur dit-elle, *ne veut pas se soumettre, je suis forcée de laisser aller la main de mon Fils. Elle est si forte, si pesante, que je ne puis plus la soutenir.* Mais quels sont donc ces crimes qui rendent *si forte, si pesante* la main du divin Fils de Marie, et provoquent sa juste vengeance? Ecoutons cette Mère affligée, et nous reconnaîtrons parmi les principales causes de ses ineffables douleurs : — le mépris de Dieu et l'endurcissement des cœurs. N'est-ce pas, en effet, ce qu'elle reproche à son peuple, lorsqu'elle dit : *Depuis le temps que je souffre pour vous autres, si je veux que mon Fils ne vous abandonne pas, je suis chargée de le prier sans cesse, et pour vous autres, vous n'en faites aucun cas;* — la profanation des saints jours : *Je vous ai donné six jours pour travailler, je me suis réservé le septième, et on ne veut pas me l'accorder;* — les jurements et les blasphèmes : *Ceux qui conduisent les charrettes ne savent pas jurer sans y mettre le nom de mon Fils;* — les irrévérences dans le lieu saint : *On ne va à la messe que pour se moquer de la religion;* — enfin la violation des lois de l'Eglise : *Le carême, on va à la boucherie comme des chiens.*

Ecoutons encore le grand Pape Pie IX nous signalant, dans sa lettre apostolique du 21 novembre 1851, le déplorable état où se trouvent la religion et la société dans ce siècle malheureux :

« Nul d'entre nous, écrit cet illustre Pontife, n'ignore les perfides artifices, les monstrueuses doctrines, les conspirations de toute espèce que les ennemis de Dieu et du genre humain mettent en œuvre pour pervertir les esprits, corrompre les cœurs, faire disparaître, s'il était possible, la religion de la face de la terre, briser tous les liens de la société, et la détruire jusques dans ses fondements. De là la licence la plus effrénée de

tout penser, de tout faire et de tout oser,
l'impatience absolue de toute autorité, la
dérision et le mépris déversés sur les choses
les plus sacrées ; de là surtout le déborde-
ment empoisonné des mauvais livres, des
libelles, des brochures, des journaux ré-
pandus avec profusion et propageant partout
la science du mal ; de là aussi les mouve-
ments séditieux, les conspirations sacriléges
et le mépris de toutes les lois divines et
humaines. »

Serait-ce donc en vain que la Mère de Dieu
aurait daigné nous visiter sur la sainte montagne de la Salette, verser des larmes, nous
avertir des châtiments qui nous sont réser-
vés, si on ne se convertit pas ? Serait-ce en
vain qu'elle nous rappellerait la crainte du
Seigneur, le respect pour son saint nom, la
sanctification du dimanche, l'accomplissement de tous les commandements de Dieu et
de son Eglise ?

Depuis la sainte apparition, de grands
malheurs sont venus fondre sur notre infor-
tunée patrie ; la guerre civile, la misère, le
choléra ont successivement désolé nos villes
et nos campagnes. Craignons que ces fléaux
ne nous en présagent de plus terribles encore ; car, enfin, Marie l'a dit : *Si mon peuple
ne veut pas se soumettre, je suis forcée de*

laisser aller le bras de mon Fils..... Il vien-
dra une grande famine ; avant que la famine
vienne, les enfants au-dessous de sept ans
seront saisis d'un tremblement, et mourront
dans les bras de ceux qui les tiendront, et les
grandes personnes feront leur pénitence par
la faim.

Attendrons-nous, pour nous rendre aux maternels avertissements de la Vierge de la Salette, que les redoutables fléaux dont elle nous menace, de la part de son divin Fils, soient venus nous accabler ? Ah ! plutôt, convertissons-nous au Seigneur par le jeûne et les gémissements, brisons nos cœurs, purifions nos âmes, pleurons, gémissons. Que tous se sanctifient par le repentir ; que le vieillard accoure au pied des saints autels, que l'enfant s'y prosterne avec la mère, que ce cri du peuple et des prêtres monte conti-nuellement vers le Seigneur : *Pardonnez, Seigneur, pardonnez à votre peuple ; Parce Domine, parce populo tuo.* (Joel, 2.)

CANTIQUE
En l'honneur de Notre - Dame de la Salette.

REFRAIN.

Vous à qui la Reine immortelle
Révéla son affliction,
Faites-nous le récit fidèle
De sa sainte apparition.

Sur la montagne solitaire
Nous faisions paître nos troupeaux,
Lorsqu'une brillante lumière
Éclaira soudain nos coteaux.

Aussitôt parut une Dame,
Dont l'aspect émut notre cœur ;
Mais elle rassura notre âme,
En nous disant : *N'ayez pas peur.*

Assise, en pleurs, sur une pierre,
Au bord d'un ruisseau desséché,
Elle paraissait en prière :
Ses mains tenaient son front caché.

A ses pieds se rouvrit la source
Qui depuis jamais ne tarit :
Des affligés c'est la ressouce ;
L'univers entier la bénit.

Éblouissante de lumière,
Vers nous elle porta ses pas ;
Des pieds elle effleurait la terre,
Et l'herbe ne s'inclinait pas.

Des roses couronnaient sa tête,
L'or brillait sur ses vêtements ;
L'Église, en ses grands jours de fête,
N'a pas de si beaux ornements.

Sur son cœur on voyait l'image
De Jésus mort pour nous en croix ;
Les larmes baignaient son visage,
La douleur altérait sa voix.

Elle dit : L'homme est bien coupable ;
Au crime il se livre sans frein :
De mon Fils, juge redoutable,
J'ai peine à retenir la main.

Je ne pourrais jamais vous dire
Ce que pour vous souffre mon cœur.
On renouvelle mon martyre ;
Je pleure, hélas ! pour le pécheur.

De ma tendre sollicitude
Vous êtes l'objet chaque jour :
Non , jamais votre gratitude
Ne peut égaler mon amour.

J'invoque , pleine de tristesse ,
Mon Fils chéri pour des ingrats ;
A votre sort je m'intéresse ;
Mais *vous n'en faites* aucun *cas.*

Le dimanche , jour de prière ,
On travaille , hélas ! sans pudeur :
Dites , mes enfants , qu'on révère ,
Qu'on garde le jour du Seigneur.

Partout du Dieu que l'ange adore
L'homme outrage le nom sacré :
Il faut désormais qu'on l'honore ,
Que partout il soit vénéré.

On refuse l'obéissance
A l'épouse de Jésus-Christ :
On ne veut pas faire abstinence
Lorsque l'Église le prescrit.

Au sacrifice de la messe
On assiste peu dans l'été ;
Aux pieds des autels la jeunesse
Se livre à sa légèreté.

Ah ! si mon peuple trop coupable
Refuse de se convertir ,
Mon Fils , bientôt inexorable ,
Par des fléaux va le punir.

On verra *les pommes de terre,*
Les noix et *les raisins pourrir ;*
Les blés tomberont en poussière ,
Et la faim vous fera souffrir.

Par une affreuse maladie ,
Saisis de soudains tremblements ,
Beaucoup d'enfants perdront la vie
Avant d'avoir atteint sept ans.

Mais si mon peuple plus docile
A ma voix revient au Seigneur,
La terre deviendra fertile ,
Partout régnera le bonheur.

Mes chers enfants , ajouta-t-elle,
Priez-vous Dieu matin et soir ?
Soyez en tout temps pleins de zèle
Pour remplir ce pieux devoir.

Gardez le souvenir fidèle
De ce que je viens d'annoncer :
Pour *mon peuple* je le révèle,
Et *vous le* lui *ferez passer.*

A ces mots , la Dame en silence
Regardant la terre et les cieux ,
Dans les airs, en notre présence,
Monte et disparaît à nos yeux.

Pendant l'entretien , cette Dame
Nous dit à chacun un secret;
Nous le garderons dans notre âme
Jusqu'au moment que Dieu connaît.

Grand Dieu, vous sauverez la terre,
Puisque, malgré votre courroux,
Vous nous envoyez votre Mère,
Pour la mettre entre vous et nous.

Seigneur, arrêtez vos vengeances,
De Marie écoutez la voix :
Nous gémissons sur nos offenses,
Nous jurons de garder vos lois.

Vierge réconciliatrice,
Mettez le comble à vos bienfaits
Dans nos cœurs avec la justice,
Faites toujours régner la paix.

Luçon. — Bideaux, imprimeur de Mgr. l'Evêque.